Johann Stephan Pütter

Kurzer Begriff der deutschen Reichsgeschichte

Johann Stephan Pütter

Kurzer Begriff der deutschen Reichsgeschichte

ISBN/EAN: 9783743661660

Hergestellt in Europa, USA, Kanada, Australien, Japan

Cover: Foto ©ninafisch / pixelio.de

Weitere Bücher finden Sie auf **www.hansebooks.com**

Kurzer Begriff
der
Teutschen
Reichsgeschichte

vom
geheimen Justizrath Pütter
zu Göttingen

zum Gebrauche in seinen Lehrstunden.

Göttingen,
in Verlag der Wittwe Vandenhoeck. 1780.

Vorrede.

Wenn dieses kleine Buch etwa Lesern in die Hände fallen sollte, die schon meine vorige Bücher von der Reichsgeschichte kennen oder vielleicht zum Theil oder alle selbst besitzen; so vermuthe ich, daß gleich anfangs eine Entschuldigung, warum ich von eben dem Gegenstande noch ein neues Buch liefere, nicht überflüssig seyn wird. Nichts, als der Gebrauch desselben in meinen eignen Lehrstunden, hat mich dazu bewogen. Ich muß gestehen, daß ich es vorzüglich in academischen Vorträgen über die Geschichte für sehr wichtig halte, ein zweckmässiges Buch in den Lehrstunden selbst zum Grunde legen zu können, damit sowohl der Lehrer als Zuhörer einen beständigen Leitfaden vor Augen habe, der beides die Sachen, die vorzutragen sind, und die Ordnung, worinn der Vortrag geschieht, bemerklich macht. Beides zweckmässig einzurichten halte ich in der Geschichte wegen der dabey nöthigen Auswahl aus ganz unzehligen Begebenheiten, die den Stoff derselben ausmachen, noch für ungleich schwerer, als in anderen Wissenschaften. Ob und wie weit nun dieser neue Versuch auch nach anderer Urtheile

Vorrede.

Urtheile diesem Zwecke näher kommen werde, will ich gern eines jeden Prüfung und Erfahrung überlassen.

Wer die Reichsgeschichte für sich studieren, und sich dabey meiner Bücher bedienen will, der wird in den übrigen Schriften, die ich bisher davon geliefert habe, theils zu näherer Entwickelung des Hauptfadens unserer Geschichte mehr Stoff mit Nachdenken zu lesen, theils die Bequemlichkeit manche einzelne Umstände oder litterarische Hülfsmittel gleich in einem Handbuche nachsehen zu können, finden. Zur kürzeren Uebersicht des Ganzen wird dann auch dieser kurze Begriff nicht ganz überflüssig seyn.

Göttingen den 8. Jun. 1780.

Johann Stephan Pütter.

Inhalt.

Inhalt.

Vorbereitung S. 1.

Erstes Buch von den ältesten Zeiten her bis zum Verfall der Carolinger S. 5.

I. Hauptstück. Aelteste Geschichte. S. 5.

A. V. C.
640. Cimbrischer Krieg §. 4. S. 5.
652. Vom Cimbrischen Kriege bis zum Tode Constantins des Grossen §. 5. S. 6.

A. C.
337. Von Constantins des Grossen Tode bis zur Errichtung der Fränkischen Monarchie §. 6. S. 8.

II. Hauptstück. Merovinger S. 10.

486. Chlodowig der I. §. 7. S. 10.
511. Chlodowigs des I. Söhne und weitere Nachkommen bis zum Tode Dagoberts des I. §. 8. S. 11.
638. Dagoberts des I. Söhne und weitere Nachkommen nebst dem ersten Aufkommen der Carolinger §. 9. S. 13.

III. Hauptstück. Carolinger S. 15.

752. Pipin §. 10. S. 15.
768. Pipins Söhne, insonderheit Carl der Grosse §. 11. S. 16.
814. Ludewig der Fromme §. 12. S. 18.
840. Ludewigs des Frommen Söhne und Enkel vom ältesten Sohne §. 13. S. 18.
870. Ludewigs des Teutschen Söhne, insonderheit Carl der Dicke §. 14. S. 22.

Inhalt.

Zweytes Buch. Mittlere Geschichte.
Erste Abtheilung bis auf Rudolf den I. S. 24.
I. Hauptstück vom Abgange der Carolinger S. 24.

- 888. Arnulf §. 15. S. 24.
- 900. Ludewig das Kind §. 16. S. 26.
- 912. Conrad der I. §. 17. S. 27.

II. Hauptstück. Sächsischer Stamm S. 29.

- 919. Henrich der I. §. 18. S. 29.
- 936. Otto der Grosse §. 19. S. 30.
- 974. Otto der II. §. 20. S. 34.
- 983. Otto der III. §. 21. S. 35.
- 1002. Henrich der II. §. 22. S. 36.

III. Hauptstück. Fränkischer Stamm S. 30.

- 1024. Conrad der II. §. 23. S. 38.
- 1039. Henrich der III. §. 24. S. 40.
- 1056. Henrich der IV. §. 25. S. 42.
- 1106. Henrich der V. §. 26. S. 46.

IV. Hauptstück. Sächsisch= und Schwäbischer Stamm S. 51.

- 1125. Lotharius der II. von Sachsen §. 27. S. 51.
- 1137. Conrad der III. §. 28. S. 53.
- 1152. Friedrich der I. §. 29. S. 54.
- 1190. Henrich der VI. §. 30. S. 58.

V. Hauptstück. Letzte Schwäbische Kaiser und deren Gegenkönige S. 60.

- 1197. Otto der IV. und Philipp von Schwaben §. 31. S. 60.
- 1218. Friedrich der II. nebst seinem Sohne dem Römischen Könige Henrich dem VII. §. 32. S. 61.
- 1235.

Inhalt.

1235. Friedrich der II. und Conrad der IV., und dessen Gegenkönige, Henrich Raspo und Wilhelm von Holland §. 33. S. 63.
1256. Richard von Cornwall und Alfons von Castilien §. 34. S. 65.

Zweyte Abtheilung der mittlern Geschichte S. 68.

I. Hauptstück. Erste Könige und Kaiser dieser Zeit aus verschiedenen Häusern S. 68.

1273. Rudolf von Habsburg §. 35. S. 68.
1291. Adolf von Nassau §. 36. S. 70.
1298. Albrecht der I. §. 37. S. 70.
1308. Henrich der VII. §. 38. S. 71.

II. Hauptstück. Ludewig von Baiern und Carl der IV. und beider Gegenkönige S. 73.

1313. Ludewig von Baiern §. 39. S. 73.
1347. Carl der IV. §. 40. S. 76.

III. Hauptstück. Uebrige Böhmisch-Luxenburgische Kaiser und Könige S. 79.

1378. Wenzel §. 41. S. 79.
1400. Ruprecht von der Pfalz und hernach
1410. Sigismund §. 42. S. 80.

IV. Hauptstück. Zwey erste Oesterreichische Kaiser S. 85.

1437. Albrecht der II. §. 43. S. 85.
1439. Friedrich der III. §. 44. S. 85.

Drittes Buch. Neuere Geschichte.
Erste Abtheilung bis auf den Westphälischen Frieden S. 91.

1493. Max der I. §. 45. S. 91.
1519. Carl der V. §. 46. S. 94.

1558.

1558. Ferdinand der I. §. 47. S. 102.
1564. Max der II. §. 48. S. 103.
1576. Rudolf der II. §. 49. S. 103.
1612. Matthias §. 50. S. 106.
1619. Ferdinand der II. §. 51. S. 107.
1637. Ferdinand der III. §. 52. S. 112.

Zweyte Abtheilung der neuern Geschichte vom Westphälischen Frieden bis zum Teschner Frieden unter Joseph dem II. S. 120.

1657. Leopold §. 53. S. 120.
1705. Joseph der I. §. 54. S. 126.
1711. Carl der VI. §. 55. S. 127.
1742. Carl der VII. §. 56. S. 134.
1745. Franz der I. §. 57. S. 137.
1765. Joseph der II. §. 58. S. 144.

Vorbereitung.

§. 1.
Zweck und Eigenheiten der Teutschen Reichsgeschichte.

Um den heutigen Zustand des Teutschen Reichs gründlich kennen zu lernen, ist es nöthig in vorige Zeiten, so hoch man hinaufkommen kann, zurückzugehen, da von den ältesten bis in die neuesten Zeiten nicht nur alles wie eine Kette zusammenhängt, sondern auch beynahe jedes Zeitalter eigne Aufklärungen über den Ursprung solcher Dinge, die noch jetzt im Gange sind, an die Hand gibt. Auch als ein Theil der Europäischen Staatengeschichte betrachtet, begreift die Teutsche Reichsgeschichte in vorigen Zeiten mehrere Länder in sich, die jetzt eigne unabhängige Staaten ausmachen, oder sonst an andere Mächte gekommen sind. Sie enthält überdies viele Begebenheiten, die auf ganz Europa oder doch auf mehrere Europäische Staaten vorzüglichen Einfluß gehabt haben. Sie hat aber nach der ganz besonderen Verfassung des Teutschen Reichs, als eines zusammengesetzten Staatskörpers,

körpers, das eigne, daß nebst der allgemeinen Reichsgeschichte noch eine besondere Teutsche Staatengeschichte statt findet, wovon doch soviel auch in jener nicht unberührt bleiben darf, als einzelne Teutsche Staaten nicht selten solche Schicksale betroffen haben, die ins Ganze nicht ohne merklichen Einfluß geblieben sind, oder sofern es auch etwa fürs Ganze nicht gleichgültig ist, zu wissen, was ein oder andere Glieder des Reichs an diesen oder jenen allgemeineren Begebenheiten für besonderen Antheil genommen haben.

§. 2.

Quellen der Reichsgeschichte.

Als Quellen der Geschichte benutzen wir billig alle gleichzeitige und glaubwürdige Geschichtschreiber (a), so viele deren in einzelnen Abdrücken (b) oder ganzen Sammlungen (c) auf unsere Zeiten gekommen sind,

(a) Nützliche Beschreibungen solcher Geschichtschreiber liefern 1) Benj. Hederichs notitia auctorum antiqua et media, Wittenb. 1714. 8.; 2) die Hamburgische bibliotheca historica, Leipz. 1715-1729. 12.; 3) Io. Alb. Fabricii bibliotheca mediae et infimae Latinitatis, Hamb. 1734. 1735. 8.; 4) Ge. Chph. Hambergers zuverläßige Nachrichten von den vornehmsten Schriftstellern bis 1500. Lemgo I-IV. Th. 1756-1764. 8.

(b) Meine Litteratur des Teutschen Staatsrechts §. 39. S. 93.

(c) Dahin gehören I) die scriptores rerum Germanicarum von Herwage 1532.; Echard 1566. 1574.; Reineccius 1577.; Pistorius 1583.; Reuber 1584.; Urstisius 1585.; Freher 1600.; Serarius 1604.; Goldast 1606.; Lindenbrog 1609. 1611.; Mader 1665.; Kulpis 1686.; Meibom 1688.; Leibnitz 1698.; Heineccius 1707.; Ludewig 1718.; Hofmann 1719.; Eccard 1720.; Petz 1721.; Menken 1728.; Sommersberg

Vorbereitung.

sind, deren Gebrauch durch dienliche Verzeichnisse (d) und Ercerpten (e) schon von mehreren Schriftstellern erleichtert ist. Noch sicherer und vortheilhafter halten wir uns an Urkunden, da es uns jetzt weder an Mitteln solche zu prüfen fehlt (f), noch an Werken, worinn sich ein Vorrath derselben findet (g), worüber auch schon brauchbare Verzeichnisse vorhanden sind (h). Auch Siegel (i), Münzen (k) und andere Denkmäler können bisweilen wie Urkunden gebraucht werden. Von neueren Zeiten fehlt es endlich auch nicht an Staatsschriften, die noch ein grösseres Licht über wichtige Begebenheiten ausbreiten (l).

§. 3.

berg 1729.; Westphalen 1739.; Schoettgen und Kreisig 1753.; Oefele 1763. Auch sind hier II) die Sammlungen Französischer Geschichtschreiber zu gebrauchen von Pithoeus 1588.; Freher 1613.; Duchesne 1636. 1641. 1649.; Bouquet 1732-1767.; und III) von Italien Muratori 1723-1751.

(d) Marq. FREHER *directorium* — ex edit. Io. Dav. KOELERI, Norimb. et Altorf. 1734.; ex edit. Ge. Chph. HAMBERGER, Goetting. 1772. 4. Io. Paul. FINKE *index in collectiones scriptorum R. G.*, Lipf. 1737. 4.

(e) Ioh. Fried. PFEFFINGER *Vitriarius illustratus*, tom. I. II.; Hahns Reichshistorie; STRVV *corpus historiae Germanicae*.

(f) Meine Litteratur des T. Staatsr. §. 95. u. f. S. 215. u. f. Mein Handb. der TeutschenReichsh. S. 13. u. f.

(g) Meine Litteratur des Staatsr. S. 308. 437. insonderheit Val. Ferd. de GVDENVS *codex diplomaticus* tom. I-V. 1743-1768. 4.

(h) Pet. GEORGISCH *regesta chronologico-diplomatica*, tom. I-IV. Hal. 1740-1744. fol. Meine Litt. des Staatsr. S. 315. Handb. der Reichshist. S. 17. u. f.

(i) Io. Mich. HEINECCIVS *de sigillis*, Lipf. 1709. fol.

(k) Joh. Dav. Koelers Münzbelustigungen XXII Bände, Nürnb. 1729-1749. 4.

(l) Meine Litt. des Staatsr. S. 177. 305. 431.

§. 3.
Hülfsmittel der Reichsgeschichte.

Historische Wörterbücher (a), gesammlete Lebensbeschreibungen (b), geographische, chronologische, synchronistische, genealogische Werke (c), wie auch solche Schriften, die der Kirchengeschichte (d), Handlungsgeschichte, Kirchengeschichte oder auch der Geschichte anderer Europäischen Staaten gewidmet sind, haben auch in unserer Geschichte ihren Nutzen. Für Teutschlands eigne Geschichte sind dessen besondere Staaten immer noch nicht gnug bearbeitet; doch ist das, was schon davon geschrieben ist, auch in der Reichsgeschichte sehr zu benutzen (e). Von dieser haben wir bisher mehr Ausführungen einzelner Stücke (f) oder compendiarische Abhandlungen, als ausführliche und vollständige Werke (g).

(a) Moreri, Bayle, und allgemeines historisches Lexicon, Basel 1726. Leipz. 1730. fol.
(b) Büchercabinet, Cölln und Frankf. 1711-1720. 8., Schröcks und Schirachs Biographien 1767. u. f. 1770. u. f.
(c) Mein Handbuch der Reichshist. §. 9. S. 20. u. f. Gebhardi genealogische Geschichte der erblichen Reichsstände, Halle I. Th. 1776., II. 1779. 4. Meine tabulae genealogicae, Goett. 1768. 4.
(d) Mein Handb. der Reichshist. §. 10. S. 22-24.
(e) Mein Handb. der Reichshist. §. 11. S. 24-38.
(f) Mein Handb. der Reichshist. §. 12. 13. S. 39. u. f.
(g) Die wichtigsten Werke sind von Strup, Barre, Pfeffel, Häberlin, und Mich. Ign. Schmidts Geschichte der Deutschen, Ulm. 1778. u. f.

Erstes Buch
von den
ältesten Zeiten her
bis zum
Verfall der Carolinger 888.

I. Hauptstück
von den ältesten Zeiten
bis zur
Errichtung der Fränkischen Monarchie 486.

* Iul. Caesar, Strabo, Velleius Paterculus, Pomponius Mela, C. Plinius secundus, C. Cornelius Tacitus, Florus, Ptolemaeus, Dio Cassius &c.

§. 4.

Anfang unserer Geschichte mit dem Cimbrischen Kriege, und damaliger Zustand von Teutschland. A. V. C. 640=652.

Sechshundert vierzig Jahre rechnete man seit Erbauung der Stadt Rom (ungefähr 110. Jahre vor Christi Gebuhrt), als die Römer, die damals nach dem dritten Punischen Kriege über die ihnen bekannten und angelegenen Welttheile Herr zu seyn glaubten, von Teutschen Völkern, die ihnen unter den Namen Cimbern und Teutonen bekant wurden, im heutigen Crain an der Gränze des damaligen Illyrien angegriffen wurden.

Damals war Teutschland nur Wald und Sumpf, zwar nicht ganz unfruchtbar, aber ohne alle Cultur.

Es hatte Einwohner von ausserordentlicher Grösse und Stärke, deren Lieblingsgeschäfft nur Jagd und Krieg war. Weder zu ihrer Nahrung, noch zu Kleidung und Wohnungen kannten sie entbehrliche Bedürfnisse. Sie hatten sich zwar in viele Völkerschaften vertheilet; aber Land und Leute waren noch nicht so genau an einander gebunden, daß man einem jeden Teutschen Volke seine gewisse stete Gränzen hätte anweisen können.

Unter diesen zahlreichen Teutschen Völkern, welche nur noch eine gewisse Gemeinschaft in Sprache und Sitten als Völker einerley Herkunft kenntlich machte, mochte es schon geraume Zeiten hindurch grosse Bewegungen gegeben haben, als endlich ein Theil derselben unter dem Namen Cimbern und Teutonen bis an die Römische Gränze vordrang, und nach vergeblich gefordertem Stücke Landes vier Schlachten über die Römer gewann, bis endlich zwey Siege, die
650 Cajus Marius A. V. C. 650. bey Aix in Provence über
652 die Teutonen, und 652. bey Vercellis über die Cimbern erfocht, ihren ganzen Anschlag vereitelten.

§. 5.

Vom Cimbrischen Kriege bis zum Tode Constantins des Grossen A. V. C. 652 — A. C. 337. (439. Jahre.)

Vierzig Jahre hernach führte Ariovist von neuem Teutsche Völker über den Rhein, um den Sequanern (in der heutigen Graffschaft Burgund) gegen die Aeduer (in Bourgogne) Beystand zu leisten. Er ward aber von Cäsarn, der in Theilung der Römischen Provinzen mit Pompejus und Crassus das damalige Römische Gallien (Provence und Languedoc) zu
696 seinem Antheile genommen hatte, A. V. C. 696. bey Bisanz zurückgeschlagen. Worauf Cäsar ganz Gallien

lien bis an den Rhein, so wie nachher Augustus von Pannonien aus A. V. C. 720. Noricum, und 739. Rhätien und Vindelicien, unter Römische Botmäſſigkeit brachte.

710

Augustus erlebte sogar, daß Drusus in den Jahren 741-744. in wiederholten Feldzügen über den Rhein selbst bis an die Elbe kam, und bis an die Weser festen Fuß faßte. Er erlebte aber auch noch, daß diese ganze Eroberung zwischen dem Rheine und der Weser mit der Niederlage, die Arminius A. V. C. 763. (nach der gemeinen Rechnung 9 Jahre nach Christi Gebuhrt,) dem Römischen Befehlshaber Varus beybrachte, auf einmal rückgängig wurde. Doch blieben die Länder am linken Ufer des Rheines und an der Donau, wo die Römer schon zahlreiche Städte angelegt, und alles auf Römischen Fuß gesetzt hatten, noch desto länger unter ihrer Botmäſſigkeit, ungeachtet seit dem Jahre 162. mehrere in gröſſere Verbindungen getretene Teutsche Völker, an der Donau erst Marcomannier, hernach Gothen, am Rheine Allemannier und Franken, und an der Gallischen Küste Sachsen, den Römischen Gränzen aufs neue gefährlich wurden.

741

763
A. C.
9

162

Constantin der Grosse focht noch glücklich gegen die Franken, Allemannier und Gothen, und machte überhaupt seine Regierung auch für unsere Geschichte merkwürdig, indem er das Römische Reich, dessen Sitz er von Rom nach Constantinopel verlegte, von neuem in Provinzen, Diöcesen und Präfecturen eintheilte, wovon noch jetzt in der Eintheilung des Teutschen Kirchenstaats in Dioecesen und Provinzen sichtbare Folgen übrig sind. Doch noch erheblicher waren die Folgen seiner Religionsveränderung, da er

306

A 4

sich

sich 312. zur christlichen Religion bekannte; wiewohl diese schon manche Abweichung von ihrer ursprünglichen Lauterkeit erlitten hatte, und jetzt mit grösserer Freyheit auch noch grösseren Abweichungen ausgesetzt wurde; obgleich an manche Erdichtungen späterer Zeiten, als daß z. E. Constantin dem Römischen Bischofe den Kirchenstaat geschenkt haben sollte, damals noch kein Mensch gedacht hat.

§. 6.
Von Constantins des Grossen Tode bis zur Errichtung der Fränkischen Monarchie 337–486. (149 Jahre.)

337   Unter Constantins Nachfolgern kam es gegen das Ende des IV. Jahrhunderts unter ganz anderen Völkern, von der Gegend des schwarzen Meeres und des Donflusses her, zu solchen Bewegungen, daß von Hunnen verdrängte Alanen die Donau hinauf, und
407 nebst Vandaliern und Sueven 407. über den Rhein, endlich 411. bis in Spanien zogen, von da die Vandalier 428. nach Africa hinübersetzten, und 435 von Valentinian dem III. im Frieden erhielten, was die Römer bisher daselbst gehabt hatten. Während der Zeit blieben die Ostgothen vorerst in gewissen Verbindungen mit den Hunnen in Pannonien sitzen; aber die
409 Westgothen brachen erst 409. in Italien, hernach in Gallien und Spanien ein, wo sie ein mächtiges Reich stifteten. Einen Theil von Gallien räumten die Rö-
412 mer 412. gutwillig den Burgundern ein. Einen andern Theil besetzten flüchtige Britten, in deren Va-
449 terlande um 449. Sachsen, Angeln und Jüten sich festgesetzt hatten. Aber erst nachdem die unter Attila
451 449. vorgerückten Hunnen 451. bey Chalons an der Marne geschlagen waren, gewannen die Allemannier am Oberrheine und die Franken am Niederrheine mehr

Hoff-

bis zur Fränkischen Monarchie 486.

Hoffnung das noch übrige Römische Gebiet jenseits Rheins sich zu eigen zu machen; zumal da in Italien selbst 476. Odoacer dem Römischen Kaiserthume ein Ende machte, und statt dessen 489. der Ostgothische König Theodorich ein neues mächtiges Königreich stiftete.

Inzwischen waren in einem grossen Theile von Teutschland an statt der abgezogenen Teutschen Völker andere Wendische Völker eingerückt; und als ursprünglich Teutsche Völker blieben auf Teutschem Boden nur Friesen, Sachsen, Thüringer, Franken, Allemannier, und Baiern, von deren einigen noch jetzt schätzbare Denkmäler selbiger Zeiten (lex Salica et Ripuariorum) übrig sind.

II. Hauptstück
von
Errichtung der Fränkischen Monarchie
bis zum
Sturz des Merovinger Stamms
486–752. (266 Jahre).

* GREGORII TVRONENSIS (geb. 544. † 595.) *historia Francorum;* FREDEGARII scholastici *chronicon* (bis 641.)

§. 7.
Chlodowig der I. 486 — 511. (25 Jahre).

486 Ueber alle Erwartung machte Chlodowig, als Heerführer eines Theils der Fränkischen Nation, mit einem Ueberfall des Römischen Befehlshabers Syagrius 486. der Römischen Herrschaft in Gallien ein Ende, und für sich und seine Nachkommen eine wichtige Eroberung, die er theils mit Siegen über die Thüringer 489., über die Allemannier bey Zülpich 496., über die Westgothen bey Poitiers 507., theils mit seinem Bekenntnisse zur Christlichen Religion 496., theils endlich mit Wegschaffung seiner bisherigen Nebenkönige anderer Fränkischen Völker, glücklich zu befestigen und zu erweitern wußte.

So vereinigte er einen beträchtlichen Theil von Teutschland nebst dem größten Theile des heutigen Frankreichs unter einen Scepter, und diese neu gestiftete Fränkische Monarchie bekam unter seiner Regierung schon einen solchen Bestand, daß sowohl in

Anse-

Ansehung des königlichen Hofstaats als in der damaligen Eintheilung des Reichs in Gaue und Herzogthümer, wie auch im Lehnswesen und im Kirchenstaate vieles in der Folge zum Theil bis auf den heutigen Tag hier seinen ersten Ursprung zu suchen hat. War es gleich noch keine so eingeschränkte Regierung, wie der Gebrauch auf Reichstägen nachher aufgekommen ist, vielweniger ein Wahlreich, wo man an Capitulationen denken konnte; so durften doch die Vornehmsten der Nation, sowohl geistlichen als weltlichen Standes, nicht despotisch zurückgesetzt werden; vielmehr gewannen sie selbst bey der Thronfolge in Fällen, wo unter mehreren Prinzen vom regierenden Stamme eine Auswahl nöthig schien, bald nicht geringen Einfluß.

§. 8.

Chlodowigs Söhne und weitere Nachkommen bis zum Tode Dagoberts des I. 511 — 638. (127 Jahre.)

Nach Chlodowigs Tode (511.) geschah unter seinen vier Söhnen eine Theilung, vermöge deren der älteste, Theodorich, Austrasien oder den östlichen Theil des Fränkischen Reichs bekam, und zu Metz seinen Sitz nahm, wie Chlodomir zu Orleans, Childebert zu Paris, und Chlotarius zu Soissons, deren Antheile zusammen Neustrien oder den westlichen Theil des Reichs ausmachten. Doch gieng von diesen letzteren Chlodomir schon 520. ohne Erben ab. Unter den übrigen drey Brüdern kam aber noch Thüringen (526), Baiern (vor 534.), Burgund (534.) und Provence und Rhätien (536) unter Fränkische Herrschaft; doch so, daß jedes Land mit schriftlich abgefaßten Gesetzen seine eigne Verfassung mit mehr oder minder eingeschränkten Herzogen behielt, aber auch die

Bi-

Bischöfe in den Städten an der Donau wieder auflebten, und mit der Fränkischen Kirche in nähere Vereinigung kamen.

558 Chlotarius erlebte noch 558. die Wiedervereinigung der Monarchie in seiner Person. Aber seine Söhne theilten sich auch wieder 561., und unter deren Nachkommen veranlaßte ein unversöhnlicher Haß der beiden Königinnen, Brunechild und Fredegunde, desto grössere innerliche Zwistigkeiten, bis Chlotarius der II. 613. aufs neue die ganze Monarchie bekam, und auf seinen Sohn Dagobert (†638.) vererbte. Nur andere Begebenheiten machten diesen Zeitraum doppelt merkwürdig, da Justinian nach einem 19jährigen Kriege (545-564.) Italien den Gothen entriß und mit dem Griechischen Kaiserthume wieder vereinigte; aber auch bald darauf (568.) die Longobarden im oberen Theile von Italien ein neues Reich stifteten, und sowohl den Griechischen Exarchen zu Ravenna als der Stadt Rom gefährliche Nachbaren wurden; und da übrigens unter diesen Umständen der Römische Bischof Gregorius der Grosse sich nicht nur um die Stadt Rom durch einen 599. mit den Longobarden vermittelten Stillstand verdient machte, sondern auch, mit seinen Missionen nach Engelland, mit Beförderung der Benedictiner Kloster-Regel, mit Bestrebung gegen Vorzüge des Constantinopolitanischen Bischofs, und mit Ausbreitung verschiedener dem geistlichen Stande vorzüglich vortheilhafter Lehrsätze, einen grossen Schritt weiter that, um die Christliche Religion und Kirchenverfassung von ihrer ursprünglichen Lauterkeit nur immer weiter zu entfernen. Im Fränkischen Reiche zeigten sich schon unerwartete Folgen der Freygebigkeit zu milden Stiftungen und des Ansehens der Geistlichen, die jedoch grossentheils

noch

noch von Hof aus bestellt wurden, und nur noch von Ministern, die um diese Zeit unter dem Namen Groß: hofmeister (maiores domus) aufkamen, im Gleich: gewichte erhalten werden konnten.

§. 9.

Dagoberts des I. Söhne und weitere Nachkommen, und Aufkom: men der Carolinger Familie. 638 — 752. (114 Jahre.)

Unter Dagoberts unmündigen Söhnen, Siege: 638 bert dem III. in Austrasien und Chlodowig dem II. in Neustrien, stieg das Ansehen des Majordomus Pi: pins von Landis († 639.) und dessen Sohns Grimo: alds schon so hoch, daß der letztere nach Siegeberts Tode 655. schon den unerhörten Schritt wagte, sei: 655 nen Sohn Childebert mit Entfernung des königlichen Prinzen Dagoberts des II. auf den Thron zu setzen. Davon stürzte ihn zwar noch Chlodowig der II.; aber unter dessen getheilten Söhnen und weiteren Nachfol: gern kam es bald zu neuen Zwistigkeiten, nicht so: wohl zwischen den Königen, als den Ministern in Neu: strien und Austrasien, bis zuletzt der Austrasische Ma: jordomus Pipin von Herstall (ein Enkel Pipins von Landis von dessen Tochter Begga,) mit der Schlacht bey Testri 687. in der That Meister von der ganzen 687 Monarchie wurde, ob er gleich noch den damaligen Prinzen des Merovinger Stammes den königlichen Titel ließ. In dieser Lage focht Pipin sowohl aus: wärts glücklich gegen die Friesen 689. 695., als ge: gen einheimische Empörungen der Allemannischen Her: zoge 709. 712., und mit vieler Staatsklugheit unter: stützte er die Missionarien, die um diese Zeit von En: gelland und Irrland aus das Evangelium auf Teut: schem Boden predigten.

Eben

14 Alte Gesch. II) Merovinger 486-752.

714 Eben diese Maximen befolgte Pipins Sohn, Carl Martell, der überdies durch die Schlacht bey Tours 732., worinn er die von Spanien aus eingebrochenen Saracenen zurückschlug, ein wahrer Retter des Fränkischen Reichs wurde. Unter seinem Schutze verschaffte insonderheit Bonifacius der Christlichen Religion im inneren Teutschlande festern Fuß, und zugleich dem Römischen Stuhle neue Aussichten, die den Päbsten Gregor dem II. und III. desto angenehmer waren, je grösser die Verlegenheit war, worinn sie sich theils durch das Vordringen der Longobarden, theils durch den Streit mit dem Kaiser Leo Isaurus, wegen Abschaffung der Bilder in den Kirchen, versetzt sahen. In den Antrag, als Patricius der Römer, sowohl ihre Stadt als Kirche in Schutz zu nehmen, gieng zwar Carl Martell noch nicht völlig hinein. Bey seiner eignen Nation übernahm er aber seit 737., da er den königlichen Thron nach Theodorichs des IIII Tode unbesetzt ließ, den Titel dux et princeps Francorum.

741 Carl Martells Söhne, Carlmann und Pipin, fanden doch noch dienlich 742. Childerich dem III. den königlichen Titel beyzulegen. Aber als Carlmann sich ins Kloster begab, und Pipin des Bonifacius Freundschaft versichert war, der kurz zuvor 744. die wichtige Abtey zu Fulda und 745. seinen metropolitischen Sitz zu Mainz zu Stande gebracht hatte; so mußte Childerich endlich vom Throne weichen, da statt seiner, nach vorgängiger Anfrage beym Pabste Zacharias,
752 jetzt 752. Pipin von Bonifacius, so wie ehedem von Samuel David statt Sauls, zum Könige gesalbet ward.

III. Haupt-

III. Hauptſtück

von den Carolingern
752--888. (136 Jahre.)

⁂ Annales Francorum Metenſes, Nazariani, Tiliani, Fuldenſes, Bertiniani, <u>Lambeciani</u>; EGINHARDI *vita Caroli M.*; Poetae Saxonis annales Caroli M.; THEGANI *vita Ludouici pii*; Ermoldi NIGELLI *de rebus geſtis Lud. pii* carmen elegiacum; NITHARDVS († 858.) *de diſſenſionibus filiorum Ludouici pii*; REGINONIS († 915.) *chronicon* (bis 907.); *Hiſtoire de Charlemagne* par Mr. de la BRUERE, Paris 1745. 12.; (Hegewiſch) Verſuch einer Geſchichte K. Carls des Groſſen, Lpz. 1777. 8., und Geſchichte der Fränkiſchen Monarchie vom Tode Carls des Groſſen bis zum Abgange der Carolinger, Hamb. u. Kiel 1779. 8.; Io. Dav. KOELER diſſ. *familia Auguſta Carolingica*, Altorf 1725. Meine tab. geneal. II.

§. 10.

Pipin als König 752 — 768. Sept. 24. (16 Jahre.)

Pipin als König ließ ſich endlich vom Pabſte Stephan dem II. bewegen, den Titel Patricius der Römer anzunehmen, und gegen den Longobardiſchen König Aiſtulf zu Felde zu ziehen, der eben dem Erarchate zu Ravenna ein Ende gemacht hatte, wovon jetzt Pipin dem Römiſchen Stuhle ein Geſchenk machte. Er wußte aber auch in ſeinem eignen Reiche ſowohl Aquitanien und Baiern in Gehorſam, als die Sachſen im Reſpecte zu erhalten. 752 754 755

§. 11.

§. 11.

Pipins Söhne, insonderheit Carl der Grosse 768. Sept. 24 — 814 Jan. 28. (46 Jahre.)

768 Von Pipins Söhnen, Carl und Carlmann, ward der erstere mit dem Longobardischen Könige Desiderius entzweyet, da er dessen Tochter verstieß, und Desiderius hingegen nach Carlmanns baldigem Ab-
771 sterben († 771. Dec. 4.) dessen Wittwe und unmündige Prinzen nebst andern über Carln mißvergnügten Flüchtlingen in seinen Schutz nahm. Darüber gieng
774 Carl 774. mit zwey Heeren über die Alpen, und machte mit etlichen Siegen und der Eroberung von Pavia dem bisherigen Longobardischen Königreiche ein Ende, indem er jetzt selbst den Titel davon annahm, und durch einen zweyten Feldzug 776. diese Eroberung befestigte.

Während der Zeit griff Carl schon 772. die Sachsen an, gegen die er jedoch seitdem noch über dreyssig Jahre zu fechten hatte. Und doch ließ er sich überdies 778. noch in einen Zug nach Spanien ein, wo er seine Fränkische Monarchie noch mit der Spanischen Mark bis an den Eberfluß erweiterte; desgleichen 789. in einen Krieg mit den Wendischen Völkern jenseits der Elbe; ferner 788. 796. in verschie-
800 dene Züge in Baiern und Ungarn, und 800. in einen Römerzug, wo er dem Pabste Leo dem III. gegen seine Widersacher Gerechtigkeit widerfahren ließ, und dagegen aus seinen Händen die Kaiserkrone empfieng (800. Dec. 25.), um seitdem den Titel Patricius der Römer mit dem Titel eines Römischen Kaisers verwechseln, und auf Erneuerung dessen ehemaliger Vorzüge Anspruch machen zu können.

804 Erst im Jahre 804. brachte Carl die Sachsen, nach etlichen insonderheit 783. denselben beygebrachten

ten Niederlagen, und verschiedenen zum Theil gewaltsamen Anstalten zur Ausbreitung der Christlichen Religion in diesen Gegenden, zum völligen Frieden, wodurch sie auf ewig mit den Franken sich vereinigten, und sowohl zu Einführung der Zehnten als zur Annehmung des Christenthums, nur mit Vorbehalt anderer Freyheiten, sich bequemten. Worauf Carl in seinen letzten Jahren auch noch mit den Normännern in einen Krieg verwickelt wurde, der jedoch mit Bestimmung der Eider zur Gränze des Teutschen Reichs 810. ein baldiges Ende nahm. 810

Ohne bey diesen kriegerischen Unternehmungen es bewenden zu lassen, zeigte sich Carl auch als Gesetzgeber in so genannten Capitularien, bald für seine ganze Monarchie bald für einzelne Theile derselben; nicht nur in Dingen, die zu näherer Bestimmung des Kriegsstaats gehörten, sondern auch mit der überall hervorblickenden Absicht, sowohl in Künsten und Wissenschaften, als in der Landwirthschaft und Handlung mehr Cultur unter seinen Völkern auszubreiten; auch nicht mit Ausschliessung geistlicher Gegenstände, worinn unter dieser Regierung die Rechte der Majestät noch nicht so verdunkelt waren, wie es in der Folge geschah.

Seiner Thronfolge wegen verordnete er 806. eine Theilung unter seinen drey Söhnen. Da er aber die beiden älteren, Pipin († 810.) und Carl († 811.), durch den Tod verlohr, so erklärte er des erstern Sohn Bernhard 813. noch zum Könige in Italien, und im übrigen seinen jüngern Sohn, Ludewig den Frommen, zu seinem Mitkaiser und künftigen allgemeinen Thronfolger.

B §. 12.

§. 12.

**Ludewig der Fromme 814. Jan. 28 — 840. Jun. 20.
(26 Jahre).**

814 Ludewig der Fromme befolgte das Beyspiel seines Vaters in Bestimmung seiner Thronfolge nur zu
817 früh, da er schon 817. seinen erstgebohrnen Sohn Lothar zum Mitgenossen seines Reichs erklärte, unter dessen Hoheit künftig seine jüngere Söhne Pipin Aquitanien, Ludewig Baiern, wie sein Neve Bernhard Italien, besitzen sollten. Wegen Unzufriedenheit mit dieser Einrichtung ward Bernhard seines Gesichts und eben damit seines Lebens beraubt. Ludewig verlohr aber bald seine Gemahlinn, und da er in zweyter Ehe noch einen Sohn Carl erzeugte, zu dessen Vortheile
829 er 829. eine neue Theilung vornahm; gerieth er mit seinen eignen Söhnen erster Ehe in solche Zwistigkei-
833 ten, daß er 833. zur Kirchenbusse genöthiget und in ein Kloster verstossen wurde. Davon rettete ihn zwar noch Ludewig der Teutsche. Allein auch dieser ward durch eine abermalige Theilung noch wider ihn aufgebracht, ohne daß Ludewig der Fromme den Ausgang dieser Unruhen erlebte. († 840. Jun. 20.)

§. 13.

**Ludewigs des Frommen Söhne und Enkel vom ältesten Sohne
840 -- 870. (30 Jahre).**

840 i) Ludewigs des Frommen Söhne fochten nach seinem Tode selbst wider einander, bis nach einem Siege, den Ludewig der Teutsche und Carl der Kahle (841. Jun. 25.) bey Fontenai über Lothar erfochten, end-
843 lich 843. zu Verdun eine brüderliche Theilung erfolgte, kraft deren Carl der Kahle den westlichen Theil der Monarchie, oder das heutige Frankreich bis an die Rhone, Saone, Maas und Schelde, bekam;

Lude-

Ludewig dem Teutschen hingegen das östlich Fränkische Reich oder das heutige Teutschland bis an den Rhein, nebst Mainz, Worms und Speier; alles übrige aber zwischen dem Rheine und jenen vier Flüssen, nebst Italien und der Kaiserwürde, Lotharen zugetheilet wurde.

2/ Des letztern Söhne theilten sich 855. wieder so, daß der jüngste, Carl, Provence; der älteste, Ludewig der II., Italien mit der Kaiserwürde; der mittlere, Lothar der II., das von ihm so genannte Lothringische Reich zwischen dem Rheine und der Maas und Schelde bekam. Provence ward aber nach Carls unbeerbtem Tode schon 863. unter den beiden übrigen Brüdern vertheilet. *855*

3/ Während dieser Zeit machte sich Navarra 853. von der Fränkischen Herrschaft los, und ward 857. ein eignes Königreich. Desgleichen entzogen sich die Saracenen im heutigen Arragonien der Fränkischen Hoheit, und beunruhigten übrigens nicht nur die Küsten von Provence und Italien, sondern setzten sich auch schon in Neapel und Sicilien fest. Die Wenden unternahmen öftere Einbrüche vom rechten Ufer der Elbe her. Und Normänner, die zuerst Lothar der I. gegen seine Brüder gereizt hatte, drangen zu Wasser die Seine und Loire hinauf fast jährlich bis ins Herz von Frankreich.

4/ Diese Umstände gaben mehrmalen Anlaß, daß sämmtliche Fränkische Könige über den gemeinsamen Nothstand ihrer Reiche vereinigte Berathschlagungen anstellten. Die größte Sicherheit fieng man aber an, in Erbauung fester Bergschlösser zu suchen; wovon wieder eine Folge war, daß ein jeder nicht nur auf seine Vertheidigung dachte, sondern auch bald jeden *847. 851.*

Fremden nach Befinden feindlich behandelte. So bediente sich jede freye Familie oder Gemeinheit eines unbeschränkten Rechts der Waffen; und so riß unvermerkt ein allgemeines Faustrecht ein. Sowohl Bischöfe oder andere Prälaten als fürstliche oder gräfliche Familien bewarben sich jetzt um ritterliche Lehnleute und Burgmänner in so grosser Anzahl, als ein jeder konnte. Darüber ward das Lehnswesen so allgemein, daß zuletzt alles mehr darauf, als auf einer wahren Staatsverfassung, die nur die gemeine Wohlfahrt zum Zwecke hat, beruhete.

5) Verschiedentlich wurden jetzt auch wieder Herzoge angesetzt, wo seit Carls des Grossen Zeiten sonst keine mehr gewesen waren. So setzte Ludewig der Teutsche 847. zu Beschützung der Gränzen gegen die Sorben-Wenden einen Herzog Tachulf in Thüringen; und in Sachsen lebte 859. ein Herzog Ludolf, dem die Abtey Gandersheim ihren Ursprung zu danken hat. Von dieser Zeit an hat die Reihe der Herzoge in diesen und anderen Provinzen, die ehedem eigne Herzoge gehabt hatten, wieder ihren Fortgang behalten, ohne doch noch zur Zeit weder Erblichkeit, noch das, was wir jetzt Landeshoheit nennen, sich zueignen zu können.

6) Mit allem dem verlohren sich endlich auch fast alle Anstalten, die Carl der Grosse zur Aufnahme der Wissenschaften und Künste gemacht hatte, so daß alles in Unwissenheit und Finsterniß immer tiefer zurücksank, Handel und Wandel danieder lag, und unglaublich rohe Sitten einrissen. Nur der geistliche Stand gewann in soweit dabey, als Unwissenheit und Aberglauben gute Dienste thaten, demselben das völlige Uebergewicht über den weltlichen Stand zu verschaffen.

III) Carolinger 752-888.

fen. Was aber vollends in der Folge alle Erwartung übertraf, war eine Sammlung angeblicher päbstlicher Decretalbriefe und anderer Kirchengesetze, die um diese Zeit unter dem Vorgeben, als ob sie vom Erzbischof Isidor von Sevilla (†636.) herrührten, und vom Erzbischofe Riculf von Mainz (†814.) ins dortige Archiv gebracht und von einem seiner Nachfolger daselbst entdeckt wären, unter die Leute gebracht wurden. Eine Sammlung, die sich von bisherigen ähnlichen Sammlungen, insonderheit der von Dionysius Exiguus, (†vor 536.), darinn unterschied, daß sie nicht erst vom Pabst Siricius her vom Jahre 385., sondern schon von Clemens dem I. an vom Jahre 93. her offenbar erdichtete päbstliche Decretalbriefe enthielt, und viele andere solche Briefe und Concilienschlüsse nur verfälscht lieferte; alles zunächst nur in der Absicht, um Bischöfe und andere Geistliche von der strengen Zucht ihrer Erzbischöfe und Provincial-Synoden zu befreyen, und darum lieber den Pabst zum Herrn der ganzen Kirche zu machen. Davon wuste man aber zu Rom bald so guten Gebrauch zu machen, daß man schon 857. anfieng auf diese Sammlung sich zu berufen, und daß eine 864. auf einer Lothringischen Synode genehmigte Ehescheidung zwischen Lothar dem II. und seiner Gemahlinn Thietberg vom Pabste Nicolaus dem I. für nichtig erkläret wurde; so daß die Erzbischöfe von Trier und Cölln, die sich diesem päbstlichen Ausspruche widersetzten, so gar darüber abgesetzt wurden, und daß deswegen nach Lothars Tode (†868.) dessen mit seiner zweyten Gemahlinn Walrada erzeugter Sohn Hugo nicht zur väterlichen Thronfolge gelassen, sondern Lothringen 870. zwischen Ludewig dem Teutschen und Carl dem Kahlen vertheilet wurde.

§. 14.

§. 14.
Ludewigs des Teutschen Söhne, insonderheit Carl der Dicke 870 — 888. (18 Jahre).

1) Auch Ludewig der II. hinterließ keine männliche Nachkommenschaft († 875.). Ludewig der Teutsche schickte deswegen, um sich seiner Nachfolge zu versichern, seinen Sohn Carlmann nach Italien. Aber Carl der Kahle kam ihm mit List zuvor. Und in kurzem folgten auch diese zwey Brüder einander in die Ewigkeit, da Ludewigs des Teutschen († 876. Aug. 28.) Söhne, Carlmann, Ludewig der jüngere, und Carl der Dicke, sich wieder in Baiern, Sachsen und Schwaben theilten. Carl dem Kahlen († 877. Oct. 6.) folgte auch bald wieder sein Sohn und Nachfolger Ludewig der Stammler († 879. Apr. 10.), der von seiner ersten Gemahlinn Ausgard zwey Söhne, Ludewig und Carlmann, hinterließ, nach deren Verstoßung aber eine andere Gemahlinn Adelheid genommen hatte, die nach seinem Tode noch Carl den Einfältigen gebahr. Daher die Rechtmäßigkeit dieser ersten oder zweyten Ehe nicht ohne Widerspruch war; wiewohl die Söhne erster Ehe doch zum Besitze des Thrones gelangten.

2) Unter diesen Umständen, und da die jährlichen Einbrüche der Normänner immer grösseres Unheil anrichteten, riß sich ein Theil des Westfränkischen Reichs von demselben los, und erhob sich unter Ludewigs des II. Tochtermanne Boso zu einem eignen Königreiche Burgund, das sich von der Rhone und Saone bis an die Juraischen Gebirge erstreckte. Auch kam jetzt die westliche Hälfte von Lothringen an Ludewigs des Teutschen Sohn, Ludewig den jüngern, dem sie die beiden Westfränkischen Könige überlassen mußten.

Aber

III) Carolinger 752–888.

3) Aber auch von Ludewigs des Teutschen Söhnen starben nach einander Carlmann († 880. März 22.) nur mit Hinterlassung eines natürlichen Sohnes, Arnulfs, und Ludewig der jüngere († 882. Jan. 6.) nur mit Hinterlassung einer Tochter; so daß nur Carl der Dicke übrig blieb, dem hernach, als auch die Westfränkischen Könige Ludewig († 882. Aug. 3.) und Carlmann († 884. Dec. 6.) unbeerbt starben, und Carl der Einfältige nicht für successionsfähig gehalten wurde, die ganze Fränkische Monarchie zufiel. Er entsprach aber bey der Gefahr, worinn das ganze Reich wegen der Normänner war, der von ihm gefaßten Hoffnung so wenig, daß bey Gelegenheit einer Reichsversammlung zu Tribur (887. Nov.) Arnulf durch eine Revolution auf den Thron kam; worauf Carl der Dicke bald den bisherigen rechtmäßigen Carolinger Mannsstamm beschloß. († 888. Jan. 12.)

Zweytes Buch.
Mittlere Geschichte
vom Abgange der Carolinger bis auf Max den I.
888 — 1493. (605 Jahre).

Erste Abtheilung
bis auf Rudolf den I. 888 — 1273. (385 Jahre).

I. Hauptstück
vom Abgange der Carolinger
bis auf
den Sächsischen Stamm
888 — 919 (31 Jahre.)

* LVITPRANDI (950. Bisch. zu Cremona) *rerum ab Europae imperatoribus et regibus ipsius praesertim tempore gestarum* libri 6.; WITTICHINDVS Corbeiensis *de Henr. Auc. et de Ott. I.* (von 449 bis 937.)

§. 15.
Arnulf 888 — 899. (11 Jahre.)

1) 888 In Teutschland und Lothringen ward und blieb Arnulf ohne weiteren Widerspruch König. Aber das Königreich Burgund blieb nicht nur, wie es Boso († 887. Jan. 11.) auf seinen Sohn Ludewig vererbt hatte; sondern es entstand auch an der östlichen Seite

1) nach Abgang der Carol. 888-919.

Seite der Juraischen Gebirge noch ein zweytes Burgundisches Königreich unter Rudolf dem I. vom Welfischen Geschlechte. Die Westfränkische Krone bekam Otto Graf von Paris, und erst nach dessen Tode 898. Carl der Einfältige. Ueber Italien stritten Berengar von Friaul und Wido von Spoleto, worüber Arnulf als der dritte Mann dazwischen kam, und schon zu Rom gekrönet wurde, jedoch nicht verhindern konnte, daß nach seinem Abzuge Wido und sein Sohn Lambrecht, und nach dessen Tode (898.) wieder Berengar die Oberhand gewann, bald aber auch Boso's Sohn Ludewig, und nach dessen Niederlage Rudolf der II. aus Burgund nach Italien berufen wurde.

2) In Lothringen setzte Arnulf wegen der Normännischen Streifereyen 895. seinen natürlichen Sohn Zwentebold zum Könige, unter welchem Raginer als Herzog diente. In Sachsen waren nach Ludolfs Tode nach einander seine zwey Söhne, Bruno († 880.) und Otto, Herzoge geworden. Hingegen in Thüringen setzte Arnulf 892. den Herzog Poppo ab, und Burcharden an seine Stelle.

3) Von der gräflichen Gewalt erlangten geistliche Güter nach den Isidorischen Grundsätzen immer häufiger Befreyungen. Hingegen ward die Unterwürfigkeit der Teutschen Prälaten unter dem Römischen Stuhle zusehends grösser. Unter andern ward das Pallium als ein Mittel gebraucht, die damit beehrten Bischöfe und Erzbischöfe erst auf die Römischen Decretalen schwören zu lassen. Auch finden sich schon Spuhren, daß Gelder nach Rom giengen, und über das Joch, so von dort aus der Teutschen Geistlichkeit aufgelegt wurde, laute Beschwerden entstanden (a).

§. 16.

(a) Der Erzbischof Theotmar von Salzburg schrieb an den Pabst Johann den IX.: — "Neque credimus, quod

§. 16.
Ludewig das Kind 900 — 911. (11 Jahre.)

900 *1)* Arnulfs einziger rechtmäßiger Sohn, Ludewig, war erst sechs Jahre alt, als sein Vater starb. Man blieb aber doch bey dem bisherigen Herkommen, die Thronfolge vom einmal regierenden Stamme nicht abkommen zu lassen (b). Nur während der Minderjährigkeit waren Hatto von Mainz und Otto von Sachsen am Ruder.

2) Nach Zwentebolds Tode († 900.) behielt Lothringen nur seinen Herzog, aber auch immerfort mit den Normännern zu kämpfen; so wie die östlichen Gegenden des Teutschen Reichs jetzt von Madscharen oder Ungarn, welche auf Arnulfs Anstiften die Mährischen Wenden aus Pannonien vertrieben hatten, Jahraus Jahrein beunruhiget wurden. Vermuthlich gab dieses Anlaß, daß auch wieder ein Herzog in Baiern gesetzt wurde, wie vom Jahre 900. Herzog Leopold († 907.) und nach dessen Tode Arnulf der Böse als Herzoge in Baiern vorkommen. Das Herzogthum Thüringen ist nach Burchards Tode († 908.), der gegen die Ungarn blieb, wahrscheinlich dem Herzog Otto von Sachsen mit anvertrauet worden.

quod coacti quotidie audimus, vt de illa sancta sede profluxerit quidpiam peruersitatis. — Pecuniam vestro iuri debitam, quando citius potero, vobis transmittam." Hvnd *metrop. Salisb.* tom. I. p. 44. sq.

(b) Der Erzbischof Hatto von Mainz schrieb an den Pabst Johann den IX.: — "Quia *reges Francorum semper ex vno genere procedebant*, maluimus *pristinum morem* seruare, quam noua institutione incidere."

3) Zwischen den Grafen von Bamberg und dem Bischofe zu Würzburg kam es unter dieser Regierung zu einer Fehde, worinn des Bischofs Bruder, Conrad, Graf im Lahngau, (905. Febr. 25.) vom Bambergischen Grafen Albrecht erschlagen wurde, der dafür nach einem zu Tribur erfolgten königlichen Ausspruche mit seinem Leben büssen mußte.

§. 17.

Conrad der I. 912 — 918. (6 Jahre.)

Mit Ludewigs frühzeitigem unbeerbtem Tode 912 ward die Hoffnung eines neuen regierenden Stamms auf einmal zernichtet. Man wehlte an seiner Stelle anfangs Otto von Sachsen, aber, als derselbe die Krone verbat, auf seinen Vorschlag des von dem Bambergischen Grafen erschlagenen Grafen Conrads Sohn gleiches Namens. Dieser machte seine erste Angelegenheit daraus, das Herzogthum Lothringen, das eben damals der Westfränkische König Carl der Einfältige an sich gezogen hatte, wieder mit der Teutschen Krone zu vereinigen. Es mißlang ihm aber der Feldzug, den er 912. in dieser Absicht unternahm; wiewohl Elsaß und Uetrecht der Teutschen Krone treu verblieben. Es gelang ihm auch nicht, als er nach des Herzogs Otto von Sachsen Tode († 912. Nov. 30.) dessen Sohne Henrich (geb. 876.) nicht alles lassen wollte, was Otto zuletzt gehabt hatte; er mußte von einer vergeblich unternommenen Belagerung von Grohnde abziehen. Eben so wenig gelang es ihm, den Herzog Arnulf von Baiern in Gehorsam zu halten, noch auch den jährlichen Streifereyen der Ungarn, und den immer zunehmenden Befehdungen, insonderheit zwischen geistlichen und weltlichen Ständen, Einhalt zu thun; wiewohl er noch 917. zwey Brüder,

Erchan-

Erchanger und Berthold, die als <u>nuncii camerae</u> in Schwaben den Bischof Salomo von Costniz befehdet hatten, enthaupten ließ, und an deren Stelle einen gewissen Burchard zum Herzoge in Schwaben ernannte. Von allem dem war der Nachtheil desto grösser, je weniger auch diese Regierung von Dauer war, da Conrad 918. unbeerbt mit Tode abgieng. Doch sind es nur mißgedeutete Stellen eines Geschichtschreibers dieser Zeiten, wenn man schon hier Landeshoheit und Erblichkeit der Teutschen Herzoge zu finden vermeynet (c).

(c) WITICH. CORB.: "Ipſe (Otto dux Saxoniae) quaſi iam grauior recuſabat imperii onus; eius tamen conſultu Conradus quondam dux Francorum vngitur in regem. Penes Ottonem tamen *ſummum* ſemper et *vbique* vigebat *imperium.*" — "Henricus, qui *primus libera poteſtate regnauit in Saxonia.*"

II. Haupt-

II. Hauptſtück
von den
Königen und Kaiſern Sächſiſchen Stamms
919-1024. (105 Jahre).

* Nebſt Witich. und Luitpr. (oben S. 24) HROS-WITHA *de geſtis Ottonum*; DITMARI Merſeburgenſis; ARNVLPHI Mediolanenſis; HERMANNI contracti; EKKEHARDI iunioris; ADAMI Bremenſis; LAMBERTI Schaffnaburgenſis; SIEGEBERTI Gemblacenſis *chronica*. Io. Dav. KOELER *ſtemmatographia Auguſta Saxonica*, 1731. Meine tab. gen. III.

§. 18.
Henrich der I. 919 — 936. Jul. 5. (17 Jahre.)

Auf Conrads eignen Vorſchlag ward jetzt der Herzog Henrich von Sachſen auf den Thron erhoben, der auch bald die Herzoge Burchard von Schwaben und Arnulf von Baiern zum Gehorſam brachte, und nur letzterem eine gröſſere Gewalt über die Biſchöfe in Baiern zugeſtand. Auch gelang es ihm, durch Tractaten mit Carl dem Einfältigen und dem nachherigen Könige Rudolf von Frankreich das Herzogthum Lothringen wieder in ſeine vorige Abhängigkeit von der Teutſchen Krone zu bringen, zu deren Befeſtigung er dem Herzoge Gieſelbert, Raginers Sohne, ſeine Tochter Gerberg zur Gemahlinn gab. Doch noch weit mehr machte Henrich ſich um ganz Teutſchland verdient, als er einen neunjährigen Stillſtand mit den Ungarn ſchloß, und denſelben theils mit mehrerer Sicherung der Gränzen gegen die Wenden und Normänner, unter andern durch Errichtung der Burg
Meiſſen

919

925

Meißen und der Marggrafſchaft Schleswig, theils mit einem guten Anfange, Städte zu bauen (d), ſo zu benutzen wußte, daß nicht nur den Streifereyen der Ungarn, die hernach 934. zweymal geſchlagen wurden, Einhalt geſchehen konnte, ſondern auch für alle folgende Zeiten eine der wichtigſten Veränderungen für die ganze Nation dadurch begründet wurde.

§. 19.

Otto der Groſſe 936. Jul. 5. — 974. May 7. (38 Jahre.)

In Henrichs männlicher Nachkommenſchaft fand Teutſchland wieder einen regierenden Stamm. Von ſeinen drey Söhnen gelangte aber nur der älteſte, Otto, zur Thronfolge. Bey deſſen Krönung ſtritten ſchon die Erzbiſchöfe von Mainz, Trier und Cölln um das eigentliche Krönungsrecht (e), und vier Herzoge

(d) WITICH. CORB. lib. I.: "(Henricus) accepta pace ab Vngaris ad nouem annos — *ex agrariis militibus nonum quemque* eligens *in vrbibus habitare fecit, vt ceteris familiaribus ſuis octo habitacula exſtrueret, frugum omnium tertiam partem exciperet ſeruaretque; ceteri vero octo ſeminarent et meterent, frugesque colligerent nono, et ſuis eas locis reconderent. Concilia et omnes conuentus* atque *conuiuia in vrbibus voluit celebrari, in quibus exſtruendis die noctuque operam dabant.*"

(e) WITICH. lib. 2.: "Quum *quaeſtio* eſſet *pontificum in conſecrando rege, Treuirenſis* videlicet *et Coloniae*, illius, quia *antiquior ſedes* eſſet, et tamquam a B. Petro apoſtolo fundata, iſtius vero, quia ad eius dioeceſin pertineret locus, et ob id ſibi conuenire arbitrati ſunt huius conſecrationis honorem. Ceſſit tamen vterque eorum Hildiberti (*Moguntini*) cunctis notae almitati."

zoge bedienten ihn als Marschall, Kämmerer, Truchseß und Schenk (f).

Die ersten vierzehn Jahre seiner Regierung hatte Otto mit dem Herzoge Boleslaus von Böhmen zu thun, den er erst 950. mit der Eroberung von Bunzlau zum Gehorsam brachte. Dieser Böhmische Krieg veranlaßte ihn auch sein Sächsisches Herzogthum, Hermann Billungen zu übergeben, und die heutige Niederlausitz unter seine Botmäßigkeit zu bringen. Ueberdies hatte Otto in Baiern seine Noth mit den Söhnen Arnulfs des Bösen († 937. Jul. 14.), dessen Bruder er vielmehr zum Herzogthume beförderte, aber nicht anders als mit gewaffneter Hand in Besitz setzen konnte. Noch eine Empörung in des Königs eigner Familie endigte sich doch zu seinem Vortheile damit, daß seine Schwester Gerberg, an statt ihres in diesen Unruhen gebliebenen Gemahls, mit dem Könige Ludewig von Frankreich, und ein neuer Herzog von Lothringen, Conrad von Worms, mit Otto's Tochter Ludgard vermählt, sein jüngerer Bruder Henrich aber 947. zum Herzogthume Baiern befördert wurde. Auch mußte Otto um Schleswig gegen Dänemark zu retten 948. noch einen Zug bis an das Ende von Jütland vornehmen, worauf der König Harald sich ihm unterwarf, und Otto zu Schleswig, Ripen und Arhaus drey neue Bisthümer errichtete, die unter das Erzstift Hamburg kamen.

In

(f) WITICH.: "*Diuina* deinde *laude dicta,* —— descendebat rex ad palatium, et accedens *ad mensam* marmoream regio adparatu ornatam resedit cum pontificibus et omni populo. *Duces vero ministrabant*, Lothariorum dux Giselbertus, ad cuius potestatem locus ille pertinebat, *omnia procurabat*; Euerhardus mensae praeerat; Herimannus Franco pincernis; Arnulfus equestri ordini et eligendis locandisque castris praeerat."

950 3) In Italien hatte um diese Zeit Berengar der II. den Thron bestiegen, und alles angewandt, um des vorigen Königs Lotharius († 950. Nov. 22.) hinterlassene Wittwe, Adelheid, gebohrne Prinzessinn von Burgund, zur Heirath mit seinem Sohne Adelbert zu zwingen. Schon im Schlosse Garda gefangen gehalten, noch entronnen nach Canossa, aber auch hier von neuem belagert, fand sie noch an Otto ihren Erretter und zweyten Gemahl. Mit Berengarn verglich sich aber Otto noch dahin, daß derselbe von ihm zu Augsburg das Königreich Italien zu Lehn empfangen sollte, nur mit Vorbehalt der Mark Verona und Aquileja, welche Otto seinem Bruder Henrich anvertraute.

4) Eben dieser Henrich fand in seinen Bairischen Angelegenheiten durch Vermittelung der neuen Königinn bey Otto mehr Gehör, als dessen Sohn erster Ehe Ludolf, der als Herzog in Schwaben Gränzirrungen mit Baiern hatte. Da dieses Mißvergnügen in öffentliche Empörung ausbrach, verlohr Ludolf darüber das Herzogthum Schwaben, und sein Schwager, Conrad von Lothringen, auch sein Herzogthum. Das letztere übergab Otto seinem jüngern Bruder Bruno, Erzbischofe von Cölln, zur Verwaltung, der hernach zwey Herzoge, Gottfried in Niederlothringen an der Maas und Friedrich in Oberlothringen an der Mosel, unter sich bekam. Auch die Ungarn brachen, durch diese Empörung gereizt, von neuem in Baiern ein, erlitten aber (955. Aug. 10.) bey Augsburg eine solche Niederlage, daß Teutschland seitdem von dieser Seite Ruhe hatte.

5) Ueberhaupt wäre jetzt für die Aufnahme des Teutschen Reichs eine glückliche Zeit gewesen, wenn Otto

nun

nun nur mit Einschränkung auf sein Vaterland sich hätte angelegen seyn lassen, in Künsten, Wissenschaften und Religion mehr Licht zu verbreiten, dem Faustrechte Einhalt zu thun, bessere Sitten einzuführen, und noch zu retten oder herzustellen, was von Carls des Grossen Anstalten noch übrig oder seitdem in Verfall gerathen war. Aber unglücklicher Weise ließ sich Otto jetzt noch tiefer in die Geschäffte von Italien ein. Von Johann dem XII. wider Berengarn gereizt, schickte Otto (956.) erst seinen Sohn Ludolf über die Alpen († 957.); hernach zog er selbst hin (960.), ließ sich (961.) zu Mailand, und (962. Febr. 2.) zu Rom als Kaiser krönen; mußte aber, als er Berengarn in Monteferetro belagerte, wegen Untreue des Pabsts Johannes des XII. nach Rom zurück. Nun ließ er zwar diesen seiner päbstlichen Würde entsetzen, und Leo den VIII. zum Pabste ernennen; brachte es auch endlich so weit, daß Benedict der V., der nach Johannes Tode in dessen Stelle getreten war, nach Hamburg, und Berengar nach Bamberg ins Elend wandern mußten. Allein damit brachte er fünf Jahre in Italien zu, und mußte gleich hernach (966–972.) noch einmal auf sechs Jahre dahin ziehen, da er nach einer strengen Execution zwar Ruhe und Friede herstellte, und seinen Sohn, Otto den II., dem schon vorher die Thronfolge in Teutschland gesichert war, als Mitkaiser krönen ließ. Zuletzt zerfiel er aber wegen Benevent und Capua noch mit dem Griechischen Kaiser Nicephorus, mit dessen Nachfolger Johann Zemisces es erst zum Frieden kam, wovon unter andern die Vermählung Otto des II. mit der Griechischen Prinzessinn Theophania (972.) eine Folge war. Hernach konnte Otto zum Beschluß seines Lebens kaum noch anderthalb Jahre in Teutschland zubringen.

6) So brachte Otto zwar den Glanz der Römischen Kaiserwürde an sein Haus. Aber für die wahre Wohlfahrt des Teutschen Reichs war damit nichts gewonnen. In diesem Betrachte war es für einige Gegenden von Teutschland noch ein grösser Verdienst, daß Otto zu Meissen, Merseburg, Zeiz, Havelberg, Brandenburg, Posen und Altenburg neue Bisthümer errichtete, wovon das letztere unter das Erzstift zu Hamburg kam, und den übrigen ein neues Erzbisthum zu Magdeburg vorgesetzt wurde; wie dann auch zu Prag unter dem Herzoge Boleslaus dem II. ein Bisthum zu Stande kam, das der Erzbischof von Mainz unter sich bekam.

§. 20.

Otto der II. 974. May 7 — 983. Dec. 15. (9 Jahre.)

974 1) Otto der II. sah sich erst genöthiget, die Waffen gegen seinen Vetter, Henrich den Zanksüchtigen von Baiern, zu ergreifen, der über die Gränzirrungen mit dem Herzogthume Schwaben zu Thätlichkeiten geschritten war. Er ward aber von Otto überwältiget, und nach gehaltenem Fürstenrechte zu Magdeburg nach Uetrecht verwiesen. Sein Herzogthum bekam sein Gegner, der Herzog Otto von Schwaben.

2) Einer andern Unruhe, die in Niederlothringen von den Grafen Raginer und Lambert von Hennegau in Zuversicht auf den Beystand des Königs Lotharius von Frankreich angesponnen ward, suchte Otto dadurch vorzubeugen, daß er beiden Grafen ihre väterliche Güter, die sie unter der vorigen Regierung verlohren hatten, wieder gab, und des Königs in Frankreich Bruder Carl zum Herzoge in Niederlothringen ernannte. Es kam aber doch noch zum Kriege, da Lotharius

2) Sächsische Könige 919–1024.

in Teutschland und Otto in Frankreich einbrach; jedoch ein baldiger Friede (980.) ließ alles beym vorigen. 980

3) Nunmehr eilte Otto nach Rom, begnügte sich aber nicht in Rom selbst alles in Ordnung zu bringen, sondern zog (981.) noch gegen die Griechen und Saracenen zu Felde, anfangs mit glücklichem Fortgange, da er Neapel, Salerno und (982.) Tarento besetzte. Allein nach einer bey Basentello erlittenen Niederlage (982. Jul. 13.) hatte er sich zu Verona (im Jun. 983.) kaum mit neuem Volke verstärkt, als ihn zu Rom der Tod wegraffte (983. Dec. 15.) 982

§. 21.
Otto der III. 983. Dec. 15. — 1002. Jan. (18 Jahre).

1) Otto dem III. war schon zu Verona die Thronfolge gesichert worden. Aber die vormundschaftliche Regentschaft nahm jetzt Henrich der Zanksüchtige in Anspruch, bis Willigis von Mainz die Sache noch so vermittelte, daß derselbe sich begnügen mußte, als Herzog in Baiern hergestellt zu werden, und daß übrigens die verwittwete Kaiserinn Theophania, und nach deren Tode (991.) des jungen Königs Großmutter Adelheid Vormünderinn und Regentinn blieb. Beiden machten die Normänner und Wenden soviel zu schaffen, daß erst 995. nach einem glücklichen Treffen mit den ersteren, und nach verschiedenen Feldzügen gegen letztere, die Ruhe in den östlichen Gegenden Teutschlandes hergestellt werden konnte. 983

2) Kaum war Otto noch erwachsen, als er schon seinen Römerzug antrat (996.), und seinen eignen Vetter Bruno unter dem Namen Gregorius der V. 996

zur päbstlichen Würde beförderlich war, der ihm hinwiederum die Kaiserkrone aufsetzte (996. May 21.), allem Ansehen nach mit der diesmal eingegangenen näheren Verbindung, daß künftig die Kaiserkrone nie wieder von Teutschland getrennt werden sollte. Otto mußte aber wegen wiederholter Empörungen der Römer bald das zweyte und dritte mal nach Rom, und starb (1002. Jan.) zu Paterno wahrscheinlich an Gift.

3) Zwischen seinem zweyten und dritten Römerzuge that Otto eine Wallfahrt zum Grabe des heil. Adelberts nach Gnesen, wo er bey dieser Gelegenheit ein neues Erzbisthum errichtete.

§. 22.

Henrich der II. 1002 — 1024. (22 Jahre).

1002 Nach der Ottonen Abgang war von diesem königlichen Stamme von Henrich dem I. her nur noch Henrichs des Zanksüchtigen Sohn, Henrich Herzog in Baiern, übrig, der jetzt als Kroncompetent auftrat, und vor Eccard von Meissen und Hermann von Schwaben, welche ebenfalls nach der Krone trachteten, hauptsächlich durch Vorschub des Erzbischofs Willigis von Mainz, den Preis davon trug. Er vergab hernach das Herzogthum Baiern an seiner Gemahlinn Cunigunde Bruder Henrich Grafen von Luxenburg; ward aber darüber mit dem Marggrafen Henrich von Schweinfurt, der sich Hoffnung dazu gemacht hatte, in Unruhen verwickelt, die beynahe seine ganze Regierung hindurch fortwährten.

Auch in Italien hatte Henrich einen Gegner an dem Marggrafen Ardoin von Jvrea, der zu Pavia (1002.

(1002. Febr. 25.) als König in der Lombardey gekrönet ward, und schwerlich überwältiget worden seyn würde, wenn er nicht endlich von selbsten ins Kloster gegangen wäre. Als inzwischen Henrich (1014. Febr. 14.) vom Pabste Benedict dem VIII. zu Rom die Kaiserkrone empfieng, übergab ihm der Pabst einen goldenen Apfel, um den Römischen Kaiser als Herrn der Welt vorzustellen. Es wurde aber auch festgesetzt, daß kein Fürst jemals die kaiserliche Würde sich anmassen sollte, wenn ihn nicht der Pabst erst dazu tüchtig befunden und gekrönt hätte; dahingegen die Pabstwahl von der bisherigen Nothwendigkeit der kaiserlichen Genehmigung befreyet ward.

In Teutschland war eines der Hauptgeschäffte dieser Regierung, daß zu Bamberg ein neues Bisthum errichtet wurde. Mit Henrichs unbeerbtem Abgange nahm übrigens der bisherige Sächsische regierende Stamm ein Ende.

III. Hauptstück
von den
Königen und Kaisern Fränkischen Stamms
1024–1125. (101 Jahre).

* Nebst den obigen, insonderheit Lamb. Schaffn. (S. 29.) WIPPO *de vita Conradi Salici;* MARIANI Scoti; BERTHOLDI Constantiensis; OTTONIS Frisingensis *chronica.* Io. Dav. KOELER *familia Augusta Franconica,* Altorf. 1722. Meine tab. gen. III.

§. 23.
Conrad der II. 1024 — 1039. Jun. 4. (15 Jahre.)

1) 1024 Durch eine feierliche Wahl, wozu alle geistliche und weltliche Fürsten mit ihren bewaffneten Gefolge in einem Lager zwischen Mainz und Worms sich versammlet hatten, ward Conrad der II. auf den Thron erhoben, dessen Prinzen Henrich (geb. 1017.) auch schon bald darauf (1026.) die künftige Thronfolge versichert wurde.

2) Unter dieser Regierung ereignete sich der Anfall des Burgundischen Königreichs mit dem Tode Rudolfs des III. (1032.). Derselbe hatte schon mit Henrich dem II., der zugleich seiner Schwester Sohn war, 1016. und 1018. Erbverträge darüber errichtet, die er anfangs Schwierigkeit machte mit Conrad dem II. zu erneuern. Dieser nahm aber (1025.) vorerst Basel schon in Besitz, und durch Vermittelung seiner Gemahlinn Gisela, deren Mutter ebenfalls Rudolfs Schwester gewesen war, wurden endlich jene Verträge auch zu Conrads Vortheile erneuert, der also nach

Ru-

3) Fränkische Könige 1024-1125. 39

Rudolfs Tode das Burgundische Reich mit dem Teutschen vereinigte, mithin des letztern Gränze bis an die Rhone und Saone erweiterte.

3) In Italien fand Conrad ebenfalls Widerspruch, aber auch Mittel, das einmal geknüpfte Band zwischen Teutschland und Italien zu erhalten, indem er sowohl zu Mailand vom dortigen Erzbischofe (1026.) als zu Rom vom Pabste Johann dem XIX. (1027. März 26.) gekrönet wurde, und sich überall das nöthige Ansehen zu verschaffen wußte. An einer Normännischen Colonie, die schon seit 1016. zwischen Capua und Neapel sich angebauet hatte, und jetzt mit neuen Freyheiten begnadiget ward, hoffte Conrad für die Zukunft noch eine Stütze in Italien zu haben. Allein auch diese Vortheile waren in der Folge nicht von Bestand, und selbst Conrad ward durch seine wiederholte Züge über die Alpen zu sehr von Teutschen Geschäfften abgehalten.

4) Es fehlte überdies selbst in Teutschland nicht an Unruhen, die Conrads eigner Stiefsohn, der wegen des Burgundischen Anfalls mißvergnügt war, ihm erregte, und da zugleich Boleslaus der I. und dessen Sohn Micislaus der II. in Polen nach der Unabhängigkeit strebten, auch in Holstein die Obotriten und Wagrier grosse Verwüstungen anrichteten. Doch behielt Conrad überall die Oberhand. Nur Schleswig trat er gutwillig an den König Canut ab, dessen Tochter Cunigunde Conrads Sohn Henrich zum Gemahle bekam.

5) Zu Hemmung des Faustrechts ließ Conrad die so genannte Treuge, oder einen auf göttlichen Befehl zuerst in Frankreich angeordneten allgemeinen

Waffenstillstand für etliche Tage in der Woche, auch in einigen Gegenden des Teutschen Reichs verkündigen. Andere gute Einrichtungen unterbrach nur sein Tod zu früh.

§. 24.

Henrich der III. (alt 22 — 39.)
1039. Jun. 4 — 1056. Oct. 5. (17 Jahre.)

1039 ☙ Henrich der III. hatte in den ersten Jahren damit zu thun, den Herzog Bratislav von Böhmen in Gehorsam zu erhalten, und den aus Ungarn vertriebenen König Peter, der zu ihm seine Zuflucht nahm, wieder in Besitz zu setzen. Auch gab es noch Mißvergnügte in Burgund, die er durch seine zweyte Vermählung mit Agnes von Poitou auf seine Seite brachte.

☙ Da aber jetzt zu Rom zu gleicher Zeit drey Päbste waren (a), so trat Henrich im Herbste 1046. seinen Römerzug an, und bewirkte nicht nur auf einer Kirchenversammlung zu Sutri die Abdankung dieser drey Päbste, sondern auch zu Rom die Wahl Clemens des II., bisherigen Bischofs von Bamberg, und die Herstellung der vormaligen Verfassung, daß keine Pabstwahl ohne kaiserliche Genehmigung gültig seyn sollte. Womit es jetzt so weit kam, daß, so lange Henrich lebte, lauter Teutsche Prälaten auf den päbstlichen Stuhl erhoben wurden (b).

Auch

(a) Benedict der IX. in der Johanneskirche, Silvester der III. in der Peterskirche, Gregorius der VI. in der Marienkirche.

(b) Auf Clemens den II. († 1047.) folgten Damasus der II. vorher Bischof zu Brixen († 1047.), Leo der IX. vorher Bischof zu Tull († 1054. Apr. 19.), Victor der II. vorher Bischof zu Eichstädt († 1057. Jul. 28.).

3) Fränkische Könige 1024-1125.

3) Auch mit den Teutschen Herzogthümern verfuhr Henrich anders, als man es bisher gewohnt war. Nicht nur Franken, wo seine Vorfahren selbst Herzoge gewesen waren, blieb noch ohne Herzog, sondern auch das Herzogthum Kärnthen ließ er nach des Herzog Conrads Tode († 1039.) ins achte Jahr unbesetzt, bis er es endlich 1047. an Welf den III. vergab (c). Den Herzog Conrad von Baiern, den er 1049. zu dieser Würde befördert hatte, setzte er 1053. wegen Streits mit dem Bischofe von Regensburg ab, und seinen eignen unmündigen Prinzen Conrad (geb. 1052. † 1056.) an dessen Stelle, nach dessen Tode er dieses Herzogthum gar seiner Gemahlinn Agnes überließ. Nach dem Tode Herzogs Gozelo († 1044.), der beide Lothringische Herzogthümer gehabt hatte, ließ er zwar geschehen, daß demselben seine beide Söhne, Gozelo der II. in Niederlothringen, und Gottfried in Oberlothringen folgten; er entsetzte sie aber auch bald wieder, und vergab Niederlothringen 1046. an Friedrich von Luxenburg († 1065.) und Oberlothringen 1047. an Albrecht von Elsaß († 1048.), hernach an dessen Bruders Sohn Gerhard (d). Dagegen machte Gottfried sich zwar in Italien eine neue Parthey, indem er sich 1054. mit der dortigen verwittweten Marggräfinn Beatrix vermählte, deren voriger Gemahl Bonifacius, Marggraf von Toscana und Besitzer von Mantua, Modena, Reggio, Ferrara, 1052. mit Hinterlassung einer einzigen Tochter Mathildis (geb. 1046.) gestorben war. Der Kaiser zog aber eben deswegen 1055. noch einmal nach Italien, und nöthigte die Herzoginn Beatrix ihm selbst nach Teutschland zu folgen. Nur der Tod unterbrach zu früh,

(c) Meine tab. gen. IV.
(d) Tab. gen. XXI.

was sonst noch weiter von ihm zu erwarten gewesen seyn möchte.

§. 25.
Henrich der IV. (alt 6 — 56.)
1056. Oct. 5 — 1106. Aug. 7. (50 Jahre).

1056 Ueber Henrich den IV., dem sein Vater schon 1053. die Thronfolge hatte versichern lassen, übernahm seine Mutter, die verwittwete Kaiserinn Agnes, die Vormundschaft, und vergab auf guten Rath des Pabstes Victors des II. das Herzogthum Niederlothringen wieder an seinen vorigen Besitzer, Gottfried, das Herzogthum Baiern an den Grafen Otto von Nordheim, Schwaben (1057.) an Rudolf von Rheinfelden, und Kärnthen (1060.) an Berthold von Zähringen. Aber unter Victors Nachfolger (a), Stephan dem IX., bekam schon ein gewisser Hildebrand zu Rom (nachheriger Pabst Gregorius der VII.) den größten Einfluß in die Angelegenheiten des päbstlichen Stuhls. Auf dessen Betrieb ward nach Stephans Tode († 1058. März 28.) an statt des in seiner Abwesenheit gewehlten Benedicts des X. vielmehr Nicolaus der II. zur päbstlichen Würde befördert, und von diesem sowohl die Pabstwahl auf einen andern Fuß gesetzt, als gegen Simonie und Priesterehe geeifert, auch die Normännische Colonie in Apulien und Calabrien ins päbstliche Interesse gezogen; alles in der Absicht, um bey so günstigen Zeitläuften das Uebergewicht des geistlichen Standes über den weltlichen und die päbstliche monarchische Gewalt über die ganze Christenheit auf der Isidorischen Grundlage vollends bis zum höchsten Gipfel zu führen. Dawider ergriff zwar die Kaiserinn

(a) Victor der II. starb schon den 28. Jul. 1057.

3) Fränkische Könige 1024–1125. 43

rinn Agnes noch standhafte Maßregeln, indem sie dem nach Nicolaus des II. Tode († 1061. Jul. 22.) ohne ihr Vorwissen erwehlten Alexander dem II. einen andern Pabst Honorius den II. entgegensetzen ließ. Allein nun wurde sie auch von der Vormundschaft entfernt; denn der Erzbischof Hanno von Cölln entführte ihr jetzt zu Kaiserswerth den jungen König, dessen Erziehung und Regierung seitdem von demjenigen Erzbischofe, in dessen Provinz er jedesmal seyn würde, besorgt werden sollte. Und nun war das erste, daß Hanno von Cölln auf einer in Italien gehaltenen Kirchenversammlung das päbstliche Schisma zum Vortheile Alexanders des II. beylegte. 1061

2) Des jungen Königs bemächtigte sich inzwischen der Erzbischof Albrecht von Bremen, unter dessen Anführung er schon in seinem funfzehnten Jahre wehrhaft gemacht, und im siebzehnten mit der ihm schon von seinem Vater zugelobten Bertha von Susa vermählet wurde. Jetzt führte er aber ein so heilloses Leben, und fiel insonderheit den Sachsen mit seinem beständigen Aufenthalte in der Gegend von Goslar und mit Anbauung vieler neuen Bergschlösser so sehr zur Last, daß 60. tausend Mißvergnügte zu den Waffen griffen, und den König zu einem Vergleiche nöthigten, vermöge dessen unter andern seine Schlösser niedergerissen werden sollten. 1065 1067

3) Jedoch der König erholete sich noch, und brachte den Sachsen (1075. Aug. 5.) an der Unstrut eine solche Niederlage bey, daß er allem Ansehen nach die Oberhand behalten haben würde, wenn nicht der inzwischen (1073.) Pabst gewordene Gregorius der VII. von Henrichs Klage gegen einige Sächsische Prälaten Anlaß genommen hätte, ihn vielmehr als Wiederbeklagten 1075

klagten vor seinen Richterstuhl vorladen zu lassen, und, da er nicht erschien, den ihm angedroheten Kirchenbann, mit Entbindung seiner Unterthanen von dem ihm geleisteten Huldigungseide, wider ihn auszusprechen.

2) Unter diesen Umständen griffen die Mißvergnügten von neuem zu den Waffen, und Henrich sah sich 1076 genöthiget, nach einem noch zu Oppenheim 1076. geschlossenen Vergleiche, vermöge dessen der Pabst zur Vermittelung der Teutschen Irrungen nach Augsburg eingeladen werden sollte, erst alles zu thun, um die päbstliche Entbindung vom Kirchenbanne zu erhalten. Er ließ nur noch erst von einigen Wohlgesinnten seinem Prinzen Conrad (geb. 1074.) die Thronfolge versichern, und trat darauf noch im Spätjahre 1076. seinen Zug über die Alpen an. Hier fand er den Pabst schon zu Canossa bey der Marggräfinn Mathildis, wurde aber gleich bey seiner Einlassung in das Schloß mit so unerhörter Härte empfangen, daß er, aufs äusserste gebracht, zwar alle Bedingungen eingieng, um nur des Bannes los zu werden. Aber er fand auch selbst in Italien bald neue Aufmunterung, wieder zu den Waffen zu greifen.

3) Nur in Teutschland ward jetzt, unter Anführung des päbstlichen Botschafters, mit der Voraussetzung, daß von nun an Teutschland ein völliges Wahlreich seyn sollte, der Herzog Rudolf von Schwaben an Henrichs Stelle zum Könige erwehlet. Mit diesem mußte also Henrich jetzt erst in Teutschland um die Krone fechten. Er überlebte inzwischen seinen Gegner (b), und brachte es noch dahin, daß auf einer Kirchenver-

(b) Rudolf endigte sein Leben am 15. Oct. 1080.

chenversammlung zu Brixen (1080.) Gregorius der VII. 1080 abgesetzt, und Clemens der III. zum Pabste ernannt wurde. Diesen führte er selbst mit gewaffneter Hand in Rom ein, und Gregorius mußte zuletzt nach Salerno flüchten († 1085.), hatte aber doch immer Nach- 1085 folger, die in seine Fußtapfen traten (c).

6) Der Kaiser gewann zwar auch über die ihm noch ferner entgegengesetzten Gegenkönige Hermann von Lützenburg und Ecbert den II. von Thüringen († 1090.) 1090 die Oberhand. Aber sein eigner Prinz Conrad ward gegen ihn verhetzt, und, als derselbe darüber der Thronfolge verlustig erklärt und gefangen gesetzt wurde, auch sein zweyter Prinz Henrich, der so gar zu den Waffen griff, und unter verstellten Anträgen gütlicher Handlung seinen Vater zwang, ihm die Regierung abzutreten (1105. Dec. 31.). Diesen Unfall 1105 überlebte der Kaiser doch nicht lange mehr († 1106. Aug. 7.).

7) Mit allem dem war zwar der nach dem Hildebrandischen Entwurfe einmal in Gang gebrachte Streit zwischen der geistlichen und weltlichen Macht noch nicht zur völligen Entscheidung gediehen; insonderheit war über die von Gregorius dem VII. angegriffene Investitur der Bischöfe mit Ring und Stab noch kein Ausspruch erfolget. Aber die Grundsätze, nach welchen die Entscheidung nicht anders als zum Vortheile des Pabstes ausfallen konnte, waren schon allgemein gnug eingeflößet, und insonderheit mit dem Verbote der Priesterehe und mit Ausbreitung des Mönchswesens

(c) Gregor dem VII. folgte erst auf kurze Zeit Victor der III., hernach (1088. März 12.) Urban der II. († 1099.), und diesem ferner Paschalis der II.

sens (d) mächtig unterstützet. Was aber diesen weitaussehenden Absichten in der Folge noch über alle Erwartung zu statten kam, waren die Kreuzzüge ins gelobte Land, die nach einem schon lange im Werk gewesenen Entwurfe, und nach neuen Anpreisungen eines von Jerusalem eben zurückgekommenen Französischen Eremiten, Peters von Amiens, endlich Urban der II. auf einer Kirchenversammlung zu Clermont 1095. in Gang brachte. Es galt hier, wie man den Leuten glauben machte, um Gottes und Christi Sache, indem man das Land, wo Christus gelebt, den Ungläubigen zu entreissen suchte, wozu jeder Christ gleiche Verpflichtung hätte, aber auch sichere Vortheile in der Ewigkeit davon erwarten dürfte. Dadurch wurden gleich in dem ersten Zuge 1096. viele hundert tausend, und in der Folge mehrere Millionen Menschen aus Europa entfernt, und auf ganz andere Gegenstände gelenket, als das wahre Interesse der Nationen gewesen wäre, wenn man sie nur hätte zu sich selber kommen lassen; wiewohl auf der andern Seite doch auch Handlung und Schiffahrt dadurch eine ganz andere Gestalt bekam, auch sonst manche unabsichtliche Vortheile daraus erwuchsen. Unter andern kam zu Jerusalem mit den Johannitern 1099. 1120. und mit den Tempelherren 1118. auch eine neue Art von geistlichen Ritterorden in Gang.

§. 26.
Henrich der V. (alt 25 — 44.)
1106. Aug. 7. — 1125. May 21. (19 Jahre.)

1106 / Da Henrich der V. bald nach angetretener Regierung selbst in den Fall kam, einem eben erwehlten Bi-

(d) So entstand der Orden der Cartheuser 1086., der Cistercienser 1098., der Prämonstratenser 1121.

3) Fränkische Könige 1024-1125.

Bischofe zu Verdun die Belehnung mit Ring und Stab, wie sie bisher gewöhnlich war, zu ertheilen; so gerieth er darüber mit dem Pabste in eben den Widerspruch, wie sein Vater. In einer Unterhandlung, die er durch einen mit zwey Kriegsheeren über die Alpen unternommenen Zug unterstützte, bekam er anfangs Hoffnung, gegen Verzicht auf die Belehnung mit Ring und Stab alle Länder und Regalien der Teutschen Prälaten zurückzubekommen. Als aber der Pabst nicht im Stande war, ihm dafür die Gewähr zu leisten, bemächtigte sich Henrich der Person des Pabstes, der sich dadurch genöthiget sah, ihm eine Urkunde auszustellen, vermöge deren dem Kaiser die Belehnung mit Ring und Stab ausdrücklich gestattet wurde.

2) Jedoch nach dem Rückzuge des Kaisers ward diese Urkunde als erzwungen für null und nichtig erkläret, und der Bannfluch wider ihn, wie wider seinen Vater, ausgesprochen. Auch kam es von Seiten der Mißvergnügten in Teutschland wieder zu Thätlichkeiten. Inzwischen zog Henrich zwar nochmals nach Italien, um der eben (1115.) verstorbenen Mathildis Güter in Besitz zu nehmen, und dem ohne sein Vorwissen an Paschalis Stelle gewehlten Pabste Gelasius einen andern Pabst Gregorius den VIII. entgegenzusetzen. Er konnte aber nicht verhindern, daß über diesen wieder Calixtus der II. die Oberhand gewann, mit dem es endlich, nach einem zu Würzburg 1121. geschlossenen Landfrieden, 1122. zu einem Vergleiche in der geistlichen Investitursache kam. In diesem Vergleiche ließ der Kaiser die Belehnung mit Ring und Stab fahren. Er behielt aber doch das Recht, den Bischofswahlen beywohnen und streitige Wahlen entscheiden zu dürfen, und dann den erwehlten Bischöfen

mittelst

mittelſt Scepters die Belehnung über die Regalien zu ertheilen (a).

3) Damit ward nun zwar ein Hauptgegenſtand der bisherigen Streitigkeiten beygelegt, aber auch der Weg dazu gebahnt, die Unabhängigkeit des geiſtlichen Standes von der weltlichen Macht noch immer weiter zu treiben. In der innern Reichsverfaſſung ward es jetzt ſchon merklich, daß wegen der Immunität der geiſtlichen Güter faſt keiner der ehemaligen Gaue mehr ſeine urſprüngliche Vollſtändigkeit behalten hatte, und daß hinwiederum den Grafen die Erblichkeit in ihren Grafſchaften nicht mehr beſtritten werden konnte. Daher verlohr der Name Grafſchaft ſeine bisherige Bedeutung einer Amtsſtelle, und ward nunmehr überall in geographiſchem Verſtande von einem Stücke Landes genommen. Gleichwie aber viele dynaſtiſche Familien ſich von ihren Schlöſſern zu benennen gewohnt waren, ſo nahmen jetzt auch die Grafen, ſo wie es in Lothringen ſchon geraume Zeit her geſchehen war, in ganz Teutſchland von ihren Stammſchlöſſern gewiſſe fortwährende Geſchlechtsnamen an, wie deren verſchiedene bis auf den heutigen Tag üblich ſind.

4) Unzehlige ſolche gräfliche und dynaſtiſche Häuſer ſind ſeitdem ausgeſtorben, deren Länder erſt in der Folge

(a) Der Hauptinhalt dieſes Vergleiches war folgender: "Ego Henricus — *dimitto* omnem *inueſtituram per annulum et baculum*, et *concedo* in omnibus eccleſiis — fieri *electionem et liberam conſecratioenm*" &c.; hernach: "Ego Calliſtus — concedo *electiones* epiſcoporum et abbatum Teutonici regni — *in praeſentia* tua fieri, — vt, ſi qua *discordia* emerſerit, metropolitani et prouincialium conſilio vel iudicio ſaniori parti aſſenſum et auxilium praebeas. ELECTVS autem *regalia per ſceptrum* a te recipiat". &c. Schmauß corp. iur. publ. S. 2.

3) Fränkische Könige 1024-1125.

Folge meist fürstlichen Häusern zu Theil worden sind, nach deren Abrechnung man also von dem damaligen Zustande der Herzogthümer und anderer Fürstenthümer sich erst richtige Begriffe machen kann.

5) Uebrigens konnte auch den Herzogthümern von dieser Zeit an ihre Erblichkeit nicht mehr bestritten werden, wie die Nachkommen der damaligen Herzoge von Niederlothringen vom Hause der Grafen von Löwen nachher unter dem Namen der Herzoge von Brabant, (von deren Mannsstamme das heutige Haus Hessen abstammet,) ihren Fortgang behalten haben, sodann die Herzoge von Oberlothringen in dem bis auf den heutigen Tag blühenden Lothringischen Mannsstamme fortwähren. So blieben auch die Herzogthümer Schwaben und Franken bey der Hohenstaufischen, wie Baiern und nachher auch Sachsen bey der Welfischen, die Marggrafschaft Oesterreich bey der damaligen Bambergischen, die Marggrafschaft Meissen bey der Wettinischen Familie. *vid pag. 44 N. 5.*

6) Daneben blühten schon damals die Vorfahren des jetzigen Hauses Baden als Nachkommen der Herzoge von Zähringen. Unsere meiste heutige altfürstliche Häuser stammen aber von damaligen Grafen oder Dynasten ab, als Oesterreich von den Grafen von Habsburg, Pfalz-Baiern von den Grafen von Scheiern, Brandenburg von den Grafen von Zollern, Würtenberg von den Dynasten von Beutelsbach, Holstein von den Grafen von Schaumburg. Dieser aller und der meisten übrigen gräflichen Häuser Genealogie kömmt erst mit den erblichen Geschlechtsnamen derselben von dieser Zeit her in mehrere Gewißheit, wiewohl auch damals noch mit veränderten Stammschlössern oft die Geschlechtsnamen sich veränderten, oder

Brü-

Brüder mit Todtheilungen verschiedene Namen annahmen.

7) Nur in dem von Wendischen Völkern bewohnten Theile des Teutschen Reichs hatte jedes Land seinen eignen Fürsten, dem auch die Bischöfe selbiger Gegend unterworfen waren, ohne daß man auch da von Grafen und Städten wuste, die in unmittelbarem Verhältnisse zum Kaiser stånden. So behielt insonderheit Böhmen noch auf ein Paar Jahrhunderte seinen uralten ursprünglich Wendischen Regentenstamm, der jetzt der christlichen Religion zugethan war, und seit 1086. den königlichen Titel führte. Unter einem Obotritischen Könige Gottschalk und dessen Sohne Henrich schienen auch die übrigen Wendischen Völker an der Ostsee unter einen Herrn zu kommen, so jedoch nicht von Bestand war.

IV. Hauptstück
von
Lotharius von Sachsen
und den
drey ersten Schwäbischen Königen und Kaisern
1125 — 1197. (72 Jahre).

*Nebst obigem Ottone Frisingensi (S. 38.) HELMOLDI († 1170.) *chronicon Slavorum* (804-1170.); CONRADI Vrspergensis († 1240.) *chronicon* (bis 1229.); GÜNTHERI *Ligurinus*; SAXONIS Grammatici († 1204.) *historia Danica*. Meine tab. IV.

§. 27.

Lotharius der II. 1125. May 21 — 1137. Dec. 3. (12 Jahre.)

Weil mit Henrich dem V. der bisherige Fränkische Kaiserstamm erlosch, ward unter Anführung des päbstlichen Botschafters und des Erzbischofs Albrechts von Mainz eine neue Wahl veranstaltet, die nach einer zehn Wahlfürsten aufgetragenen vorläufigen Berathschlagung auf den Herzog Lotharius von Sachsen fiel. Demselben wurde zwar bald hernach von einer andern Parthey der Herzog Conrad von Franken, des vorigen Kaisers Schwestersohn, als König entgegengesetzt, dem auch der Erzbischof von Mailand schon die Longobardische Krone aufsetzte. Allein der Pabst Honorius der II. hielt es mit Lothar, dem endlich Henrich der Stolze, nachdem er sich mit seiner Tochter Gertraud vermählet hatte, auch in Teutschland das Uebergewicht verschaffte. Wogegen Henrich, nebst den erheiratheten Braunschweigischen und Nordheimischen Erbgütern, auch das Herzogthum Sachsen von seinem Schwiegervater bekam.

2) Um eben diese Zeit ereignete sich (1130.) auch eine streitige Pabstwahl zwischen Innocentius dem II. und Anaclet dem II., da zwar jener durch Vermittelung des Abts Bernhards von Clairvaur von Lotharius unterstützt ward, aber doch nicht eher als nach Anaclets Tode zum ruhigen Besitze gelangte, und in dessen mit Rogerius als Könige beider Sicilien getroffene Verbindung eintreten mußte.

3) Daß Lotharius das Römisch=Justinianische Gesetzbuch in Teutschland aufgenommen haben solle, hat man ehedem ohne Grund geglaubt. Man nahm aber jetzt schon für bekannt an, daß Teutschland einen Theil des Römischen Reichs ausmache, und also an den Gesetzen der vorigen Römischen Kaiser von selbsten gebunden sey. Nur in eben dem Verhältnisse, wie die geistliche Gewalt noch über die weltliche geschätzt wurde, mußte das Römische bürgerliche Recht dem geistlich canonischen Rechte noch den Vorrang lassen, welches letztere an dem Benedictiner Gratian um diese Zeit einen neuen Sammler bekam, dessen Werk hernach den ersten Bestandtheil des päbstlich canonischen Gesetzbuches ausgemacht hat.

Unter den Wendischen Völkern an der Ostsee hatte es seit einiger Zeit sich angelassen, als ob sie alle in ein Königreich vereiniget werden würden, da schon seit Conrads des II. Zeiten ein Obotritischer König Gottschalk die Wagrier, Polaber und andere benachbarte Völker unter seinen Gehorsam gebracht, auch endlich die christliche Religion angenommen hatte. Dessen Sohn Henrich hatte auch das seinem Vater von Cru‐
cius

eus entrissene Königreich mit Dänischer Hülfe hernach wieder erobert, und nach dieses Henrichs Tode († 1130.) hatte Lotharius den Herzog Canut von Schleswig zum Könige der Wenden ernannt. Aber derselbe ward vom Könige Magnus von Dänemark umgebracht, dessen Nachfolger zwar den Titel König der Wenden angenommen. Die Wendischen Länder selbst zerfielen aber hernach wieder unter eigne Fürsten; so daß seitdem die Mecklenburgische, Lauenburgische, Pommerische Geschichte u. s. w. jede wieder ihren eignen Gang fortgehet.

§. 28.
Conrad der III. (alt 43 — 58.)
1137. Dec. 3. — 1152. Febr. 15. (14 Jahre.)

Nach Lothars Tode machte sich dessen Tochtermann, Henrich der Stolze, zur Krone Hoffnung. Die Wahl wurde aber vor der eigentlich dazu angesetzten Zeit nunmehr auf Conrad den III., der schon des vorigen Kaisers Competent gewesen war, vollzogen. Wie dieser hernach Henrichen dem Stolzen aus dem Grunde, weil einer nicht zwey Herzogthümer besitzen könne, Streit erregte, den er bis zur Achtserklärung trieb; so rettete Henrich zwar noch das Herzogthum Sachsen gegen Albrecht den Bären, den er aus Lüneburg, Bardewik, und Bremen zurücktrieb. Als er aber im Begriff, auch Baiern gegen den Marggrafen Henrich von Oesterreich zu retten, unterweges zu Quedlinburg starb († 1139. Oct. 20.); so ward für seinen minderjährigen Sohn, Henrich den Löwen (geb. 1129.), nur noch (1142.) ein Vergleich bewirket, vermöge dessen Henrich der Löwe sich mit Sachsen begnügen, Baiern aber Henrich von Oesterreich behalten sollte, der zugleich Henrichs des Stolzen Wittwe zur Gemahlinn nahm; ohne daß jedoch die nunmehr einmal zum Ausbruch gekommene Trennung der Welfischen und Gibellinischen Partheyen damit aus dem Grunde gehoben ward. Albrecht der Bär fand inzwischen Mittel, durch einen Erbvertrag mit Pribislaus, damaligem Besitzer der Brandenburgischen Wendischen Länder, sich auf andere Art schadlos zu halten.

Um eben diese Zeit ereignete sich zu Rom eine Revolution, da die Römer, unzufrieden über die übertriebene Hoheit des Pabstes, und erhitzt durch die neueren Lehren eines Peter Abälards und Arnolds von Brescia, einen eignen Senat errichteten, und Conrad einluden, in Vereinigung mit ihnen die ehemalige Hoheit des Römischen Kaiserthums wieder herzustellen. Statt dessen mußte er sich aber zu Erfüllung eines in seinen jüngeren Jahren gethanen Gelübdes bequemen, nebst dem Könige Ludewig dem VII. von Frankreich den zweyten Kreuzzug anzutreten, nach dessen unglücklichem Erfolge ihn der Tod von weiteren Unternehmungen abhielt; da indessen ein anderer Theil der Teutschen Nation die näheren Ungläubigen unter den Wenden und Juden aufsuchte.

§. 29.

Friederich der I. (alt 31 — 69.)
1152. Febr. 15 — 1190. Jun. 10. (48 Jahre.)

1152 Nach Conrads Tode ward die Wahlfreyheit immer merklicher, da, mit Vorbeygehung seines minderjährigen Sohnes, sein Vetter Friederich zu Frankfurt von einer geringen Anzahl Fürsten erwehlet wurde, die jetzt bald als Wahl- oder Churfürsten von andern unterschieden wurden, und als die drey ersten Erzbischöfe und vier weltliche Erzbeamten, welche bey der

4) Loth. u. erste Schwäb. Kön. 1125-1197.

der Krönung ihre Verrichtung hatten, sieben an der Zahl waren; wie unter dieser Regierung (1184.) schon Böhmen als Erzschenk, Pfalz als Erztruchseß, Sachsen als Erzmarschall, Brandenburg als Erzkämmerer, vorkommen.

4) Auf Friedrichs Person hatte man bey der Wahl vorzüglich darum Rücksicht genommen, weil seine Mutter Judith eine Tochter Henrichs des Schwarzen war, und also von ihm sich am ersten eine Vereinigung der Welfischen und Gibellinischen Parthey hoffen ließ. Diese Hoffnung schien auch in ihre Erfüllung zu gehen, da 1156. Henrich der Löwe Baiern wieder bekam, und Oesterreich zur Entschädigung dagegen mit vielen Vorrechten zum Herzogthume erhoben wurde (a).

5) Bey seinem Römerzuge (1155.) verschmähte zwar Friedrich die Anträge der Römer, und ließ sich vielmehr, dem bisherigen Gebrauche gemäß, von Adrian dem IV. krönen. Er zerfiel aber doch bald mit diesem Pabste, und faßte den Vorsatz, mit Herstellung der ursprünglichen Hoheit eines Römischen Kaisers, wo möglich ganz Italien unter seine Botmäßigkeit zu bringen. Weil ihm dazu die Beschwerden über einige übermüthig gewordene Städte in der Lombardey, insonderheit über Mailand, den ersten günstigen Anlaß zu geben schienen; zog er 1158. das zweyte mal, mit einem mächtigen Kriegsheere, über die Alpen, eroberte Mailand (1158. Sept. 8.), und ließ schon die kaiserliche Hoheitsrechte auf einer Versammlung in den Roncalischen Feldern mit Zuziehung vier Bononischer Rechts-

1158

(a) **Senkenberg** vom Gebrauche des uralten Teutschen bürgerlichen und Staatsrechts (Frankf. 1759. 8.) S. 123.

Rechtsgelehrten auf einen gewissen Fuß setzen. Aber nun empörten sich die Mailänder von neuem, worauf er sie nach einer zweyten Belagerung, die 1159. ihren Anfang nahm, nicht eher, als am 1. März 1162. überwältigen konnte, aber auch jetzt die ganze Stadt, nur mit Schonung etlicher Kirchen, in einen Steinhaufen verwandeln ließ.

Als inzwischen nach Hadrians Tode († 1159.) wieder eine zwistige Pabstwahl auf Victor den III. und Alexander den III. ausgefallen war, nahm Friedrich des erstern Parthey, so, daß Alexander, da Friedrich noch in Italien war, 1162. nach Frankreich flüchten mußte. Allein nachdem der Kaiser endlich 1163. Italien verlassen, und seitdem vorerst nur auf kurze Zeit sich wieder dahin begeben hatte, kam nicht nur Alexander der III., von Sicilien, Frankreich und Engelland unterstützt, nach Rom zurück, sondern unter dem Schutze eines unter den meisten Städten der Lombarden errichteten Bündnisses ward selbst Mailand wieder aufgebauet, und dem Pabste zu Ehren eine neue Stadt Alexandrien erbauet. Dagegen hatte der Kaiser das Unglück, daß seinen vierten Römerzug 1166. die Pest fruchtlos machte, und auf dem fünften 1176. bey Lignano ein Haupttreffen für ihn verlohren gieng. Er mußte sich also endlich doch mit dem Pabst Alexander setzen, und zufrieden seyn, vorerst mit den Lombardischen Städten auf sechs, mit Wilhelm von Sicilien auf zehn Jahre einen Stillstand zu schliessen.

Den unglücklichen Erfolg dieses letztern Feldzuges legte man vorzüglich Henrich dem Löwen zur Last, der, unzufrieden über die bisher ihm vergeblich zur Stadt Goslar gemachte Hoffnung, den Kaiser auf diesem Zuge verlassen hatte, und überhaupt, seitdem ihn seine

seine zweyte Gemahlinn mit Söhnen erfreuet hatte, mit dem Kaiser nicht mehr in so gutem Vernehmen, als vorher zu stehen schien. Darüber wachten bald viele Gegner seines Hauses auf, und bewirkten endlich 1180. eine Achtserklärung wider ihn, vermöge deren Sachsen an Albrecht des Bären Sohn Bernhard, und Baiern an Otto Grafen von Wittelsbach vergeben wurde; ohne daß Henrich mit seiner Gegenwehr weiter etwas ausrichtete, als daß er zuletzt sich noch zu einem dreyjährigen Aufenthalte ausser den Gränzen des Teutschen Reichs bequemen, und übrigens nur mit seinen Braunschweig-Lüneburgischen Erblanden sich begnügen mußte. Doch mußte auch der neue Herzog von Sachsen das meiste von diesem bisherigen Herzogthume in den Händen des Erzbischofs von Cölln und anderer Westphälischen und Niedersächsischen Bischöfe lassen, sich aber meist nur mit den ursprünglich Wendischen Ländern Lauenburg und Wittenberg, die seitdem unter dem Namen Sachsen verstanden wurden, begnügen. Dem Herzogthume Baiern wurde ebenfalls mit dem Herzogthume Meran und der Reichsfreyheit der Stadt Regensburg nicht wenig entzogen.

Ehe inzwischen der in Italien geschlossene zweyfache Stillstand zu Ende lief, kam es 1183. zu Costnitz mit den Lombardischen Städten meist zu deren Vortheile, und 1186. auch mit dem Könige von Sicilien zum Frieden, da des letztern Vaters Schwester Constantia mit des Kaisers ältestem Prinzen Henrich verlobt ward, und dieser damit nahe Hoffnung zur Thronfolge in Sicilien bekam.

Zuletzt mußte der Kaiser noch seine alten Tage auf einem Kreuzzuge beschließen, auf welchem unter andern der Teutsche Orden errichtet wurde, und vor

dessen

dessen Antritt 1187. noch ein Landfriede zu Stande kam, dessen noch übriger Inhalt auf die damalige ganze Verfassung ein ziemliches Licht wirft, und insonderheit zum traurigen Denkmaale dienet, wie man damals Befehdungen, wenn sie nur drey Tage vorher angesagt worden, selbst in Gesetzen für rechtmäßig erklären müssen (b). Wenn von Kreuz- und Römerzügen noch etwas Gutes zu erwarten war, so kam es allenfalls den Städten zu statten, daß Handel und Gewerbe in grössere Aufnahme gelangte, und die innere Verfassung der Städte mit Bürgermeister und Rathscollegien nach den Mustern Italiänischer Städte nach und nach auch in Teutschland besser angeordnet wurde.

§. 30.

Henrich der VI. (alt 25 — 32.)
1190. Jun. 10. — 1197. Sept. 28. (7 Jahre.)

1190 Von Friedrichs fünf Söhnen war der älteste, Henrich der VI. (geb. 1165.), schon 1169. zum Thronfolger bestimmt, und erlebte um eben die Zeit, als er, nach Abzug seines Vaters ins gelobte Land, die Regierung antrat, (1189.) den Anfall von Sicilien; fand aber da noch einen Gegner an einem natürlichen Sohne des vorigen Königes Rogerius, Namens Tancred, hernach an dessen Sohne Rogerius, nach deren Tode er erst (1193.) zum Besitz von Neapel und Sicilien gelangte.

Diese

(b) Dieser ganze Landfriede findet sich in MEICHELBECK *hist. Frising.* tom. I. part. 2. instrum. p. 567. Unter andern heißt es darinn: "vt, quisquis alii damnum facere aut ipsum laedere intendat, tribus ad minus ante diebus per certum nuncium suum diffiduciet eum."

4) Loth. u. erste Schwäb. Kön. 1125-1197.

2/ Diese Umstände dienten ihm unter andern erstlich mit zum Vorwande, um den König Richard von Engelland, den der Herzog Leopold von Oesterreich auf seiner Rückkehr aus dem gelobten Lande gefangen genommen hatte, als einen Bundesgenossen Tancreds sich ausliefern zu lassen, und bis zu einer kostbaren Auslösung in der Gefangenschaft zu behalten. Vorzüglich war aber Henrichs Sinn auf die Herrschaft über ganz Italien gerichtet, wo schon Toscana in seines Bruders Philipps Händen, auch in Rom ein kaiserlicher Befehlshaber angesetzt, und der Kirchenstaat in sehr enge Gränzen eingeschlossen war.

3/ In Teutschland schien auch eine endlich mit Henrich dem Löwen getroffene Aussöhnung mehr Ruhe zu versprechen, da dessen ältester Sohn Henrich mit der Staufischen Prinzessinn Agnes vermählt, und deren Vater Conrade zum Nachfolger in der Pfalz am Rheine bestimmt wurde, worauf nach Henrichs des Löwen Tode († 1195.) seine drey Söhne die Braunschweig-Lüneburgischen Erblande bis zu einer hernach 1203. erfolgten Theilung in Gemeinschaft besassen, aber auch den herzoglichen Titel noch immer fortführten.

4/ Jetzt wollte eben Henrich seine grossen Entwürfe in Italien geltend machen, da er 1196. von neuem nach Sicilien gieng, aber auch den 28. Sept. 1197. schon ums Leben kam.

———

V. Haupt-

V. Hauptstück
von den letzten
Schwäbischen Kaisern und deren Gegenkaisern und Nachfolgern bis zum Tode Richards von Cornwall
1197 — 1272. (75 Jahre).

§. 31.
Otto der IV. und seine Competenten
1197. Sept. 28. — 1218. May 19. (21 Jahre.)

1197) Henrich der VI. hatte zwar vergeblich daran gearbeitet, die Teutsche Krone wieder erblich zu machen. Doch war seinem Prinzen Friedrich (geb. 1194.) schon die Thronfolge versichert worden. Da aber eben damals der Pabst Innocentius der III. desto eifriger darauf bedacht war, den bisherigen kaiserlichen Entwürfen sowohl in Teutschland als in Italien entgegen zu arbeiten; so übernahm Friedrichs Oheim Philipp, der sonst zu seinem Vormunde bestimmt war, vielmehr für sich die Regierung, ohne doch verhindern zu können, daß Henrichs des Löwen Sohn, Otto der IV., von einer andern Parthey ihm als König entgegengesetzt wurde. Jedoch als Philipp bald darauf ums Leben kam, und Otto, nach erhaltener päbstlicher Krönung, jetzt selbst die Mathildischen Güter vom Pabste zurückforderte; bekam Otto wieder Friedrich den II. zum Gegner, dem er, nach einem entscheidenden Tref1214 fen bey Bovines in Flandern (1214. Jul. 27.), völlig weichen mußte († 1218. May 19.).

An

2) An allem dem nahm Innocentius der III. den größten Antheil, wie er dann überhaupt in den 18. Jahren, da er (1198-1216.) auf dem päbstlichen Stuhle saß, die Hierarchie noch um eine merkliche Stuffe höher führte. Denn ausserdem, daß er die Herrschaft über Rom, Ancona und Spoleto wieder an sich zog, wußte er es dahin zu bringen, daß an statt des ehemaligen kaiserlichen Einflusses auf die Pabstwahl jetzt die Päbste vielmehr sich einen entscheidenden Einfluß auf die Kaiserwahl zueigneten, und daß sie noch grösseren Einfluß in die Besetzung der Teutschen Bisthümer und Erzbisthümer bekamen. Unter ihm ward überdies, mit einem fürchterlichen Beyspiele, das den Grafen von Toulouse und die so genannten Waldenser traf, der Anfang gemacht, gegen Ketzer Kreuzzüge und Inquisitionsgerichte anzustellen. Und an Franciscanern, Dominicanern und anderen Bettelorden bekam der päbstliche Stuhl von nun an noch eine mächtige neue Stütze.

§. 32.

Friedrich der II. (alt 24 --- 41.)
a) nebst seinem Sohne dem Römischen Könige
Henrich dem VII. (alt 7 -- 24.)
1218. May 19. --- 1235. (17 Jahre.)

1) Friedrich der II. ließ 1220. seinen Sohn Henrich 1220 den VII. zum Römischen Könige wehlen, und unter dessen Namen in Teutschland die Regierung führen. Er selbst begab sich nach Neapel, gerieth aber bald in neue Zwistigkeiten mit den Päbsten Honorius dem III. und Gregorius dem IX., welcher letztere ihn wegen verzögerten Kreuzzuges 1227. in den Bann that. Den- 1227 noch unternahm Friedrich auch noch diesen Kreuzzug, und bewirkte einen Stillstand, vermöge dessen die Christen Jerusalem, Bethlehem und Nazareth behielten. Worauf

Worauf auch endlich eine Aussöhnung zwischen ihm und dem Pabste erfolgte, welchen hauptsächlich der damalige Großmeister des Teutschen Ordens vermittelte, der bald hernach Gelegenheit bekam, sich einen ansehnlichen Sitz in Preussen zu verschaffen.

2) Mittlerweile waren die Mißhelligkeiten zwischen der Welfischen und Staufischen Familie wieder zum Ausbruch gekommen, da Henrichs des Löwen ältester Sohn gleiches Namens schon 1215. in die Acht erklärt worden war, mit dessen Tochter Agnes jedoch erst der Bairische Prinz Otto die Versicherung der Succession in der Pfalz am Rhein erlangte. Von der andern Tochter Irmengard ließ sich der Kaiser ihre angebliche Ansprüche auf Braunschweig übertragen, die er hernach zu einer Zeit, da Otto von Braunschweig als Bundsgenosse des Königs in Dänemark 1227. in der Schlacht bey Bornhövede in Gefangenschaft gerathen war, durch den Römischen König geltend zu machen suchte.

Durch diese Umstände, und da überdies der Römische König selbst von des Kaisers Feinden wider ihn aufgebracht war, ließ sich Friedrich bewegen, nach einer fünfzehnjährigen Abwesenheit 1235. einmal wieder nach Teutschland zurückzukommen; da dann auf einer Reichsversammlung zu Mainz vorerst Henrich der VII. seiner Krone und Thronfolge verlustig erklärt, und statt dessen hernach 1237. der andere kaiserliche Prinz Conrad der IV. zum Römischen Könige ernannt wurde. Jene Welfische Mißhelligkeit ward aber auch jetzt endlich damit aus dem Grunde gehoben, daß Otto seine Braunschweig-Lüneburgische Erblande dem Kaiser zu Lehn auftrug und unter dem Titel eines Herzogthums mit verschiedenen Vortheilen von demselben zurückbekam. Und dann ward auf eben dem Reichstage

tage zu Mainz auch ein kaiserlicher Hofrichter angestellt, der von nun an im Namen des Kaisers allen klagenden Partheyen zu ihrem Rechte verhelfen sollte, auſſer daß sich der Kaiser vorbehielt, in wichtigeren Fürstensachen selbst zu Gericht zu sitzen.

4) Uebrigens ward es um diese Zeit schon immer merklicher, wie geistliche und weltliche Reichsstände wahre Regenten ihrer Länder wurden, da jene 1220. letztere 1232. nicht nur beträchtliche kaiserliche Gnadenbriefe zu Befestigung ihrer hergebrachten Rechte erlanget hatten (a), sondern auch die meisten Landschaften, wie solche aus Prälaten, Ritterschaft und Städten bestanden, das ihrige dazu beytrugen, weil sie hinwiederum den Vortheil davon hatten, daß sie in wichtigen Landesangelegenheiten mit zu sprechen bekamen, ohne daß sie für despotische Unternehmungen ihrer Landesherren sonderlich besorgt seyn durften.

§. 33.
Friedrich der II. (alt 41 — 56.)
b) nebst seinem zweyten Sohne, dem Römischen Könige
Conrad dem IV.,
und den Gegenkönigen
Heinrich Raspo und Wilhelm von Holland
1235. --- 1256. Jan. 28. (21 Jahre).

1) In Italien gab der Partheygeist der Lombardischen Städte, der hier unter dem Namen Welf und Gibellin noch immer fortwährte, dem Kaiser neue Hoffnung sich zum Meister zu machen. Er ward aber um eben diese Zeit eines Abfalls von der Religion beschuldiget, und darüber von Gregorius dem IX. nicht nur 1239. von neuem in den Bann gethan; sondern 1239 nun

(a) Corp. iur. publ. p. 4. 6.

nun ward auch das Kreuz gegen ihn geprediget, und eine allgemeine Kirchenversammlung nach Rom angesetzt, um die ganze Christenheit wider ihn aufzubringen. Doch Friedrich wußte den Zugang zu dieser Kirchenversammlung zu Wasser und zu Lande zu sperren, und hatte schon grosse Hoffnung, daß Innocentius der 1243 IV., der (1243. Jun. 25.) nach anderthalbjähriger Erledigung des päbstlichen Stuhls denselben bestieg, sich mit ihm setzen würde, als derselbe nach Lion entwich, und auf einer dortigen Kirchenversammlung nicht nur den Bannfluch gegen den Kaiser erneuerte, sondern ihn auch durch einen förmlichen Proceß seiner Kronen verlustig erklärte.

2) Dagegen setzte sich Friedrich zu Turin von neuem selbst die Krone auf, mit Aeusserung des Vorsatzes, den ganzen geistlichen Stand in seine gehörige Ordnung zurückzubringen; wie er dann auch schon die Dominicaner und Franciscaner aus Neapel vertreiben ließ. 1246 Aber nun bekam er auch in Teutschland (1246. May 22.) erst an Henrich Raspo Landgrafen von Thüringen († 1247. Febr. 16.), hernach an Wilhelm Grafen von Holland (1247. Oct.) förmlich erklärte Gegenkönige, über welche zwar der Römische König Conrad der IV. noch die Oberhand behielt.

3) Als aber Friedrich der II. inzwischen mit Gift aus 1250 der Welt geschickt wurde († 1250. Dec. 13.), und 1254 Conrad der IV. bald eben den Weg gieng († 1254. May 23.); so wurde dessen Sohne Conradine (geb. 1252.) selbst die Krone von Sicilien von Friedrichs des II. natürlichem Sohne Manfred entrissen, und in Teutschland gerieth, da Wilhelm von Holland selbst 1256 nicht lange mehr lebte († 1256. Jan. 28.), alles in desto grössere Verwirrung, da selbst der Abgang der Häuser

Häuser Thüringen und Oesterreich weit aussehende Successions-Streitigkeiten veranlaßte, auch sonst alles voller Unruhen und Befehdungen war.

§. 34.
Richard von Cornwall und Alfons von Castilien 1256. Jan. 28. --- 1272. Apr. 2. (16 Jahre).

Zur Zeit, als Wilhelms von Holland Tod Berathschlagungen über eine neue Kaiserwahl veranlaßte, war der Churfürst Gerhard von Mainz, über einen wegen der Thüringischen Successionsache im Göttingischen unternommenen Einfall, eben in Gefangenschaft des Herzogs von Braunschweig gerathen. Der Churfürst von Cölln betrieb deswegen das Wahlgeschäfft, zugleich in Vollmacht von Churmainz, und in Vereinigung mit Churpfalz, für Richard von Cornwall, dessen Wahl (1257. Jan. 13.) vor der Stadt Frankfurt am Main vollzogen wurde. In der Stadt ward hingegen acht Tage später der König Alfons von Castilien von Churtrier und Chursachsen nebst Churbrandenburgischer Vollmacht erwehlet. Richard kam aber allein auf Teutschen Boden, empfieng die Krone zu Aachen (1257. May 17.), und gewann die Mehrheit der churfürstlichen Stimmen durch den Beytritt Ottocars von Böhmen, den er hinwiederum mit Oesterreich belehnte. 1256

Nur die damaligen Englischen Unruhen litten nicht, daß Richard lange in Teutschland blieb. Mit dem Churfürsten Gerhard von Mainz († 1259.) und dem Pabste Alexander dem IV. († 1261.) verlohr er auch zwey wichtige Freunde, da der neue Churfürst Werner und der Pabst Urban der IV. nicht gleiche Gesinnungen gegen ihn behielten. Darüber kam es zu

Rom zu einem gerichtlichen Verfahren über die Recht:
mäßigkeit der Wahl Richards und Alfonsen, dessen
Ausgang jedoch Richard nicht erlebte († 1272. Apr. 2.)

Während der Zeit ward zwar der Thüringische
Successionsstreit, nachdem er in einen landverderbli:
chen Krieg ausgebrochen war, endlich 1264. derge:
stalt beygelegt, daß Sophia von Brabant nebst ihrem
Sohne auf alles, was in Thüringen lag, Verzicht
thun, und sich mit Hessen begnügen, jedoch ihr eigner
Bundesgenosse, der Herzog Albrecht von Braun:
schweig, den die Marggrafen von Meissen bey Wettin
geschlagen und gefangen bekommen hatten, zu ihrer
Schadloshaltung einen beträchtlichen Strich Landes
an der Werre hergeben mußte.

Auf der andern Seite ereignete sich aber für ei:
nen beträchtlichen Theil von Teutschland eine neue Zer:
rüttung, da Conradin, als er gegen den vom Pabste
Clemens dem IV. nach Neapel berufenen Französischen
Prinzen Carl sein väterliches Königreich erfechten woll:
te, 1268. geschlagen, gefangen und (1269.) enthau:
ptet ward; womit die drey Herzogthümer Franken,
Schwaben und Elsaß erlediget wurden, ohne je ihre
vorige Gestalt wieder zu bekommen.

Auch sonst war in ganz Teutschland bey so lang:
wierigen Entfernungen oder Zwistigkeiten der gewehl:
ten Kaiser, (welchen Zeitraum nachher die Geschichte
mit dem Namen eines grossen Zwischenreichs belegt
hat,) alles voller Unruhen. Das wirksamste Gegen:
mittel bestand nur noch in Verbindung mächtiger
Städte, wie auf solche Art 1254. ein so genannter
Rheinischer Bund von 70. Städten zu Stande kam,
und ein Bündniß, das 1241. anfangs nur zwischen

Lübeck

5) Letzte Schwäb. K. u. Gegenk. 1197-1272.

Lübeck und Hamburg geschlossen war, in der Folge noch weit erheblicher wurde, als daraus die auf etliche Jahrhunderte fortgewährte Hanse erwuchs, die bald eine beträchtliche Seemacht vorstellte, und vielen Teutschen Städten die beste Anlage zur Handlung gab.

Zweyte Abtheilung
der mittlern Geschichte
von
Rudolf von Habsburg bis auf Max den I.
1273 – 1493. (220 Jahre).

I. Hauptstück
von den
ersten Königen und Kaisern dieser Zeit aus verschiedenen gräflichen Häusern
1273 — 1313. (40 Jahre).

* MARTINVS Minorita, Henricus STERO, Wilhelmus de NANGIS, EBERHARDVS Altahensis, SIFFRIDVS presbyter Misnensis, Albertus MVSSATVS, IOANNES Vitoduranus, Henricus de REBDORF, ALBERTVS Argentinensis.

§. 35.
Rudolf von Habsburg (alt 55 — 73.)
1272. Apr. 2. — 1291. Jul. 15. (19 Jahre).

1273 Auf Betrieb des Pabstes Gregorius des X. ward zu Frankfurt eine neue Kaiserwahl veranstaltet, die nach einem Vorschlage des Burggrafen Friedrichs von Nürnberg auf Rudolf Grafen von Habsburg ausfiel. Derselbe bekam bald darauf drey Churfürsten zu Schwiegersöhnen; und ein Widerspruch, den anfangs Ottocar von Böhmen gegen seine Wahl erhob, gab ihm bald

1) **Erste K. aus verschied. Häus. 1273-1313.**

bald Gelegenheit demselben vielmehr Oesterreich streitig zu machen. Wovon, nach einem auf Rudolfs Seite glücklich geführten Kriege, das Ende war, daß sein eignes Haus nicht nur Oesterreich, Steiermark und Krain würklich in Besitz, sondern auch auf Kärnthen eine nicht lange hernach in Erfüllung gegangene Hoffnung bekam.

2) Die damit verbundenen Beschäfftigungen zog Rudolf weislich allen Reizungen zu Kreuz- und Römerzügen vor. Er bewilligte lieber dem Pabste Nicolaus dem III. eine neue Urkunde über die noch streitigen Orte des Kirchenstaats, und begnügte sich übrigens damit, daß Carl von Neapel in einem Vergleiche (1280.) die sich angemaßte Generalstatthalterschaft der Lombardey abgab, und die bisher versäumte Belehnung über Provence zu nehmen sich bequemte. Worauf ohnedem eine Revolution, die mit der Ostermontags-Vesper 1282. in Sicilien ihren Anfang nahm, bald solche Folgen nach sich zog, daß seit 1295. das Haus Anjou nur Neapel behielt, und Sicilien, zu Befriedigung der Ansprüche, welche Peter von Arragonien als Manfreds Tochtermann darauf machte, an das Haus Arragonien kam.

3) Rudolf machte sich indessen um das Teutsche Reich verdient, indem er in einem Jahre (1290.) über 70. Raubschlösser zerstöhrte, und überall Ruhe und Friede herzustellen suchte, wiewohl er die eingerissenen dreytägigen Befehdungen nicht heben konnte. Er ließ sich auch angelegen seyn, einige über die weltlichen Churstimmen entstandene Zweifel durch besondere Urkunden für jedes Haus zu heben. Und von ihm ward eigentlich das Herkommen begründet, daß in wichtigen Dingen ohne Einwilligung der Churfürsten nichts

geschehen sollte, deren Willebriefe daher seitdem häufig in Gang kamen. Seinen letzten Wunsch, daß die Churfürsten seinen Sohn Albrecht zum Römischen Könige wehlen möchten, konnte er inzwischen nicht in Erfüllung bringen.

§. 36.
Adolf von Nassau
1291. Jul. 15. — 1298. Jul. 2. (7 Jahre).

1291 Der Churfürst Gerhard von Mainz wußte es durch eine besondere Unterhandlung bey einem jeden seiner Mitchurfürsten dahin zu bringen, daß es in seine Hände gestellt wurde, seinen Vetter, den Grafen Adolf von Nassau, auf den Thron zu setzen. Demselben wollte es aber nicht so, wie seinem Vorfahren, gelingen, die Krone zum Vortheile seines Hauses zu benutzen. Er schloß zwar in solcher Absicht ein Bündniß mit dem Könige Eduard von Engelland, und gedachte mit dem dadurch gewonnenen Gelde Thüringen von dem mit seinen Söhnen entzweyten Landgrafen Albrecht dem Unartigen zu kaufen. Er war aber in vier nach Thüringen unternommenen Zügen unglücklich, und gab selbst dadurch Anlaß, daß einige Churfürsten ihn der Regierung entsetzten, und die Krone jetzt Albrechten von Oesterreich antrugen. Mit diesem kam es zwar darüber noch zum Kriege. Adolf blieb aber selbst im Treffen (1298. Jul. 2.). Ihm hat übrigens Hessen den sonst nur auf Thüringen gehafteten landgräflichen Titel zu danken.

§. 37.
Albrecht der I.
1298. Jul. 2 — 1308. May 1. (10 Jahre).

1298 Albrecht ward nach seines Gegners Tode durch eine neue einmüthige Wahl auf dem Throne befestiget.

get. Er war aber eben auch in seinen Unternehmungen nicht glücklich. Es mißlang ihm sowohl sein Anschlag auf Einziehung der mit dem Tode des Grafen Johannes († 1299.) erledigten Grafschaften Holland, Seeland und Friesland, auf welche der Graf von Hennegau schon eine Anwartschaft hatte, als seine Absicht auf die Rheinischen Zölle, in deren Besitz sich die Rheinischen Churfürsten wider seinen Willen zu erhalten wußten. In Böhmen schien zwar nach Abgang des dortigen alten Regentenstamms Albrechts ältester Sohn Rudolf durch seine Vermählung mit des vorher verstorbenen König Wenzels des IV. Wittwe festen Fuß zu fassen; Er starb aber zu bald, und die Böhmen richteten vielmehr ihre Absicht auf den Herzog Henrich von Kärnthen, dessen Gemahlinn Anna eine Schwester des letzten Königs, Wenzels des V., war. Auch in Thüringen schlug es Albrechten fehl, als er unter dem Vorwande, einigen Städten, die sich in des Reichs Schutz begeben hatten, beyzustehen, ein Kriegsheer hinschickte, das (1307. May 31.) bey Lucca geschlagen ward. Am unglücklichsten war er endlich, als er gegen die durch seine Neuerungen veranlaßte Verbindung der drey Waldstädte Uri, Schwitz und Unterwalde einen Zug in die Schweiz vornehmen wollte, da ihn sein eigner Brudersohn, dem er seinen väterlichen Erbtheil vorenthielt, zwischen Baden und Rheinfelden ums Leben brachte (1308. May 1.).

§. 38.
Henrich der VII.
1308. May 1 — 1313. Aug. 24. (5 Jahre).

Ganz übertriebene Grundsätze, die der Pabst Bonifacius der VIII. († 1303.), um auch in weltlichen Dingen alle Regenten und Völker dem päbstlichen

Stuhle unterwürfig zu machen, insonderheit gegen Frankreich in Gang zu bringen gesucht hatte (a), waren zuletzt von dem unerwarteten Erfolge, daß die Krone Frankreich die Pabstwahl 1305. auf Clemens den V. zu lenken, und selbigen dahin zu vermögen wußte, daß er nicht nur die Französische Nation von aller Verbindlichkeit jener Grundsätze frey sprach (b), sondern auch seinen Aufenthalt in Frankreich behielt; worüber es beynahe so weit zu kommen schien, als ob der päbstliche Stuhl gänzlich von Rom nach Avignon verlegt werden sollte. Diese Umstände hätten gleich damals beynahe einen Französischen Prinzen auf den kaiserlichen Thron gebracht, wenn nicht der Churfürst Peter von Mainz von Clemens dem V. noch zu rechter Zeit einen Wink bekommen hätte, die Kaiserwahl zu beschleunigen, die jetzt kurz und gut für Henrich den VII. Grafen von Luxenburg vollzogen wurde.

1309 *2)* Demselben gelang es auch wieder 1309. auf seinem ersten Reichstage zu Speier den Grund dazu zu legen, daß sein eigner Prinz Johannes der Böhmischen Prinzessinn Elisabeth zum Gemahle und damit selbst an statt Henrichs von Kärnthen zum Könige in Böhmen bestimmt wurde. Als er sich aber zu einem Römerzuge und zu grossen Unternehmungen gegen Neapel verleiten ließ; wurde alles, was er in solcher Absicht schon gethan und noch zu hoffen hatte, durch seinen Tod vereitelt († 1313. Aug. 24.).

(a) BONIFAC. VIII. a. 1302. *extrauagant. commun.* lib. I. tit. 8. *de maioritate et obedientia* cap. I.

(b) CLEMENS V. a. 1306. *extravag. comm.* lib. 3. tit. 7. *de priuileg.* cap. 2.

II. Haupt=

II. Hauptstück
von
Ludewig von Baiern und Carl dem IV. und beider Gegenkönigen
1313 — 1378. (56 Jahre).

§. 39.
Ludewig von Baiern 1313 — 1347. (34 Jahre).

Der Streit über die Böhmische Churstimme und 1313 ein ähnlicher Streit zwischen Sachsen-Lauenburg und Sachsen-Wittenberg gaben jetzt den Stoff zu einer zwistigen Kaiserwahl. Friedrich von Oesterreich rechnete, nebst den Stimmen von Cölln und Pfalz, auch auf die von Sachsen-Wittenberg und auf die von Böhmen in der Person Herzog Henrichs von Kärnthen. Aber Peter von Mainz war Ludewigen von Baiern beförderlich, für den zugleich Balduin von Trier, und Johannes von Böhmen, nebst Brandenburg und Sachsen-Lauenburg, stimmten. Jede Parthey vollzog ihre Wahl und Krönung. Nur im Kriege gewann endlich Ludewig die Oberhand, da im Treffen bey Mühldorf (1322. Sept. 18.) sein Gegner in 1322 seine Gefangenschaft gerieth.

2) Ludewig benutzte auch schon seine Krone, indem er die eben erledigte Mark Brandenburg an seinen ältesten Sohn gleiches Namens vergab. Er zerfiel aber auch bald mit dem Pabste Johannes dem XXII., gegen dessen Absichten er der Viscontischen Parthey in Italien Hülfe zuschickte, worüber derselbe hinwieder-

um alle Grundsätze von der päbstlichen Hoheit aufbot, um Ludewigen um seine Krone zu bringen.

3) Jetzt verglich sich Ludewig mit seinem bisher gefangenen Gegner anfangs auf Begebung seiner Ansprüche, hernach auf eine gemeinschaftliche Regierung. Dann zog er selbst nach Italien, ließ sich von Sciara Colonna die Kaiserkrone aufsetzen, und an statt Johannes des XXII. Nicolaus den V. zum Pabste ernennen. Er sah sich aber bald genöthiget, nach Teutschland zurückzueilen, und noch unterwegs zu Pavia 1329 (1329. Aug. 3.) mit seines inzwischen verstorbenen Bruders Söhnen sich zu setzen, mit denen er sich unter andern auf Abwechselung der Churstimme zwischen Pfalz und Baiern verglich.

4) Ludewigs Mitregent starb inzwischen (1330.) Das hinderte aber nicht, daß Johannes der XXII. nur desto eifriger darauf beharrte ihn zu stürzen, da er sogar ganz Teutschland, so lange es mit diesem von der Kirche verworfenen Kaiser halten würde, mit einem Interdicte belegte. Sein Nachfolger Benedict der XII. bezeigte zwar mehr guten Willen, sich mit dem Kaiser zu setzen, ward aber von der Krone Frankreich daran gehindert, womit zugleich der König in Böhmen zusammen hielt. Dieses bewog endlich die sechs übrigen Churfürsten, vor Eröffnung der nach Frankfurt angesetzten allgemeinen Reichsversammlung, zu 1338 Rense (1338. Jul. 15.) eine Verein unter sich zu errichten, um zu Behauptung ihrer Wahlfreyheit und anderer Vorrechte nach Mehrheit der Stimmen alle für einen und einer für alle zu stehen (a). Worauf zu Frankfurt (1338. Aug. 28.) ein allgemeiner Reichsschluß

(a) Corp. iur. publ. S. 10.

schluß die Unabhängigkeit des Teutschen Reichs von neuem befestigte (b), und das bisherige Interdict nach ächteren Grundsätzen, welche selbst einige Franciscaner vom wahren Verhältnisse zwischen der geistlichen und weltlichen Macht ausgeführt hatten (c), aus eigner kaiserlicher Machtvollkommenheit aufgehoben, auch wider Frankreich ein Bündniß mit Eduard dem III. Könige von Engelland geschlossen wurde.

3) Dem Könige in Böhmen hatte der Kaiser seine Verbindung mit Frankreich schon dadurch entgelten lassen, daß er nach Abgang Henrichs von Kärnthen († 1335. Apr. 5.) mit Uebergehung dessen an den Böhmischen Prinzen Johann Henrich vermählter Tochter, Margarethe Maultasch, das Haus Oesterreich mit Kärnthen und Tirol belehnt hatte. Da aber im Frieden, der endlich (1336. Oct. 9.) zwischen Böhmen und Oesterreich darüber geschlossen war, die Prinzessinn Margarethe dennoch Tirol behielt; erkannte der Kaiser gar auf die Ehescheidung von ihrem bisherigen Gemahle, und dispensirte sie zugleich, mit seinem eignen Prinzen Ludewig ihrer Verwandtschaft ungeachtet sich zu vermählen, um damit Tirol an sein Haus zu bringen. Darüber erneuerte Benedicts Nachfolger Clemens der VI. jetzt alle vorher gegen Ludewigen ergangene päbstliche Aussprüche, und bewirkte mittelst Absetzung des Churfürsten Henrichs von Mainz, dem er Gerlachen von Nassau entgegensetzte, mit den Stimmen von Mainz, Trier, Cölln, Böhmen und Sachsen-Wittenberg, (1346. Jul. 10.) die Wahl Carls des IV., der bald darauf (Aug. 26.) bey Cressy seinen Vater verlohr, und auf seinem Rückzuge aus Frank-

1346

(b) Corp. iur. publ. S. 9.
(c) Meine Litteratur des Staatsr. S. 68. u. f.

76 Mittl. Gesch. II) bis auf Max den I.

Frankreich (Nov. 25.) zu Bonn vom Churfürsten von Cölln gekrönet wurde, jedoch, so lange Ludewig lebte, so wenig gegen ihn aufkommen konnte, daß vielmehr seine Wahl auf einem Reichstage zu Speier für nichtig erkläret wurde.

1347 Auch nach Ludewigs Tode († 1347. Oct. 11.) wehlten die Churfürsten von dessen Parthey (1349. Jan. 30.) noch Günthern von Schwarzburg, nach dessen Tode († 1349. Jun. 14.) erst Carl der IV. von neuem gewehlet und gekrönet wurde, nachdem er inzwischen den Churfürsten von der Pfalz durch seine Vermählung mit dessen Tochter auf seine Seite gebracht, und dem Churfürsten von Brandenburg durch Unterstützung eines falschen Waldemars eine Zeitlang zu schaffen gemacht hatte.

§. 40.
Carl der IV. (alt 31 — 62.)
1347 — 1378. Nov. 29. (31 Jahre).

1349. 1) Mehrere Landplagen von Mißwachs, Erdbeben und Pest, womit um diese Zeit Teutschland heimgesucht wurde, mochten wohl ihren Antheil daran haben, daß Carl nach dem Beyspiele, das ihm schon Ludewig von Baiern mit seinem Aufenthalte zu München gegeben hatte, sich meist nur zu Prag aufhielt, wo er sich die Aufnahme dieser Stadt und der daselbst errichteten Universität, wie auch der Krone Böhmen überhaupt, mehr als die Regierung des Teutschen Reichs angelegen seyn ließ.

2) Auch in Italien entsprach er der Hoffnung nicht,
1354 die man sich von seinem 1354. angestellten Römerzuge machte, indem er, an statt nach dem Wunsche der
Wel=

2) Ludw. v. Baiern u. Carl d. IV. 1313-1378.

Welfen die Viscontische Familie in engere Gränzen zu setzen, vielmehr von beiden Theilen Geld nahm, und sich nach empfangener Lombardischen und Römischen Krone begnügte einen Statthalter in der Lombarden zurückzulassen.

3) Nur mit der goldenen Bulle, als dem ersten Reichsgrundgesetze in seiner Art (a), erwarb er sich um das Teutsche Reich ein wahres Verdienst, indem er die Kaiserwahl, und was damit in Verbindung stand, mit näherer Bestimmung der sieben Churstimmen und ihrer Untheilbarkeit und anderer Vorzüge, für die Zukunft auf weit festern Fuß setzte. Wider das Faustrecht wurden zwar verschiedene Verordnungen gegen einzelne Mißbräuche gemacht; allein das Hauptwerk der dreytägigen Befehdungen blieb ungehoben, worüber insonderheit die Städte beständigen Angriffen benachbarter Ritter oder Grafen und Fürsten ausgesetzt blieben, und nur in Verbindungen unter sich ihre Rettung suchen mußten. 1356

4) Uebrigens war es sowohl in diesem Reichsgrundgesetze als sonst immer sichtbarer, wie tiefe Wurzeln die einmal eingerissenen Vorurtheile von zweyerley sichtbaren Oberhäuptern der Welt, von Uebertragung der vierten Monarchie an die Teutsche Nation und von Verbindlichkeit der von ehemaligen Römischen Kaisern gegebenen Gesetze, jetzt schon gefasset hatten. Unter andern fehlte nicht viel, daß nicht nach dem Geiste des Römischen Gesetzbuches in fürstlichen Successionsfällen Töchter den Stammsvettern vorgezogen, oder ganze Länder zum freyen Kauf und Verkauf Preis gegeben worden wären, wenn nicht theils der Ausschlag der

(a) Corp. iur. publ. S. 12.

der Waffen in darüber entstandenen Successionskriegen, theils die Errichtung besonderer Erbverbrüderungen und anderer Hausverträge der Beybehaltung althergebrachter Rechte zu statten gekommen wäre. So ward die Mark Brandenburg 1373. von dem Bairischen Prinzen Otto schon an Carl den IV. verkauft, und nach Abgang Herzog Wilhelms von Lüneburg († 1368.) ward dessen Landestheil schon den Töchtern zugesprochen, den die Braunschweigischen Stammsvettern nur noch mit der Macht der Waffen retteten; so wie Meissen und Hessen 1373. durch eine Erbverbrüderung sich einer gegenseitigen künftigen Erbfolge versicherten. Viele Häuser wurden hingegen durch Standeserhöhungen jetzt aus dem gräflichen in den fürstlichen Stand erhoben; aber keines gieng erheblicheren Vergrösserungen entgegen, als das Haus Burgund, dessen Stammvater Philipp der Kühne 1369. durch seine Vermählung mit der Gräfinn Margarethe von Flandern über sein bisheriges Herzogthum Burgund auch noch die Grafschaft Burgund nebst Flandern, Artois, Mecheln, Antwerpen, Nevers und Rethel an sein Haus brachte, und eben dadurch erst in nähere Verbindung mit dem Teutschen Reiche kam.

5) Carl der IV. erlebte zuletzt noch bedenkliche Bewegungen in der Kirche, da Urban der V. und Gregorius der XI. von Avignon nach Rom zurückgekehrt waren, aber nach des letztern Tode Urban dem VI., der zu Rom blieb, Clemens der VII., der wieder nach Avignon zurückgieng, entgegengesetzt wurde. Diese Trennung des päbstlichen Stuhles ließ desto wichtigere Folgen erwarten, als eben damals in Engelland Johann Wiclef mit seinen Lehren und Schriften, welche alles nur auf den Inhalt der Bibel zurückführten, grosses Aufsehen machte. Doch den weitern Erfolg

folg von dem allem erlebte Carl so wenig, als die grossen Veränderungen, die man von der zu seiner Zeit in Gang gebrachten Erfindung des Schießpulvers vielleicht schon hätte erwarten können.

III. Hauptstück
von den übrigen
Königen und Kaisern
Böhmisch-Luxenburgischen Stamms
1378 — 1437. (59 Jahre).

§. 41.
Wenzel (alt 17 — 30.)
1378. Nov. 29 — 1400. (29 Jahre).

Noch zu rechter Zeit hatte Carl vor seinem Ende die Römische Königswahl seines ältesten Sohnes Wenzels (1376. Jun. 10.) zu Stande gebracht, der in den fast allgemein gewordenen Fehdehändeln zwischen Städten und Fürsten anfangs mehr auf der ersteren Seite war, zu deren Vortheil auch in der Schweiz 1386. ein entscheidendes Treffen bey Sempach ausfiel. Als aber bald darauf in Baiern 1388. die dortigen Städte den kürzeren zogen; geriethen die Entwürfe, die man schon gemacht hatte, ganz Teutschland in eine allgemeine Conföderation zu bringen, und in vier Kreise einzutheilen, wieder ins Stecken. Wenzel gerieth vielmehr über ein Mißvergnügen, das von Seiten der Böhmischen Landstände in öffentliche Unruhen ausgebrochen war, (1394. May 8.) in persönliche Gefangenschaft, woraus er zwar nach etlichen

1378

Monathen (1394. Aug. 3.) noch entkam, aber ohne die Quellen jener Unruhen zu verstopfen, an welchen selbst sein Bruder Sigismund, der seit 1386. König in Ungarn war, nicht ohne Theilnehmung blieb.

2) Da inzwischen die Trennung des päbstlichen Stuhls zu Rom und Avignon auch nach Abgang der bisherigen beiden Päbste fortgesetzt wurde, indem an Urbans des VI. Stelle 1389. Bonifacius der IX., und an Clemens des VII. Stelle Benedict der XIII. kam, worüber von Seiten der weltlichen Mächte eine Uebereinkunft getroffen wurde, beiden Päbsten die Obedienz aufzukündigen; so ließ sich Wenzel zwar zu Ausführung dieses Entwurfs von seiner Seite bereit finden. Weil er aber an statt des Römerzuges, wozu er dem Pabste Hoffnung gemacht hatte, das damalige Haupt der Viscontischen Familie 1395. zum Herzoge von Mailand erhoben hatte, auch sonst es nicht an Vorwürfen fehlte, die man ihm mit Grunde machen konnte; so bewirkte Bonifacius vielmehr Wenzels Absetzung, an dessen Stelle erst der Herzog Friedrich von Braunschweig bestimmt war, nach dessen Ermordung aber die Wahl Ruprechts von der Pfalz (1400. Aug. 21.) erfolgte.

§. 42.
Ruprecht von der Pfalz 1400 — 1410.
und nach dessen Tode
Sigismund (alt 42 — 69.)
1410. Sept. — 1437. Sept. 11. (26 Jahre).

1) Ruprecht hielt ferner mit Bonifacius dem IX. und dessen Nachfolgern Innocentius dem VII. und Gregorius dem XII., konnte aber, da er 1401. von der Viscontisch-Gibellinischen Parthey bey Lagodigarda zurückgeschlagen war, weder in Italien noch in
Teutsch-

3) Uebrige Luxenb. Kön. 1378-1437. 81

Teutschland recht zu Kräften kommen, ob er gleich bis an sein Ende, sowohl als Wenzel, den Römischköniglichen Titel fortführte ;(† 1410. May 19.).

2) Wenzel gerieth noch einmal in längere Gefangenschaft (1402. Apr. 29. bis 1403. Nov. 11.), ohne auch nachher den Fuß aus Böhmen zu rücken. Als inzwischen auf einer von einigen wohlgesinnten Cardinälen beider Obedienzen angesetzten Kirchenversammlung zu Pisa 1409. beiden Päbsten sowohl Gregorius dem XII. als Benedict dem XIII. der Gehorsam aufgekündiget, und ein dritter unter dem Namen Alexander der V. hernach Johannes der XXIII. auf den päbstlichen Stuhl erhoben ward, auch schon überhaupt die Nothwendigkeit, eine allgemeine Reformation in der Kirche vorzunehmen, ernstlich zur Sprache kam; so gab Wenzel nicht nur in Ansehung der Pabstwahl dem Concilium seinen Beyfall, sondern er bezeugte auch seinen Gefallen über die Bewegungen, welche Johann Huß in Beziehung auf Wiclefs Lehren bey der Universität zu Prag veranlaßte.

1402

1409

3) Nachdem aber an Ruprechts Stelle Wenzels Bruder Sigismund erst (1410. Sept. 20. und Oct. 1.) in einer zwistigen Wahl mit Jobst von Mähren, dem Sigismund die Mark Brandenburg verpfändet hatte, hernach (1411. Jul. 21.) einmüthig zum Kaiser erwehlt, auch unter der Bedingung, sich die Kaiserkrone zu Rom aufsetzen zu lassen, von Wenzeln dafür anerkannt worden war; so brachte Sigismund noch ein neues Concilium zu Costnitz zu Stande, wo, nach vorläufiger Eintheilung desselben in vier Nationen und nach festgesetzter Abdankung aller drey damaligen Päbste, gleichwohl die vorgehabte Kirchenreformation durch die voreilige Wahl eines neuen Pabstes, Mar

1410

F   tius

1417 tins des V. (1417. Nov. 12.), und deſſen jetzt mit jeder einzelnen Nation geſchloſſene Concordaten unterbrochen wurde.

4) Daneben hatte eben dieſes Concilium gleich anfangs Johann Huſſen kurzen Proceß gemacht, und zu völliger Vertilgung dieſer ſo genannten Huſſitiſchen Ketzerey den Cardinal Julian nach Böhmen abgeſchickt. Jedoch hier kam es darüber vielmehr zu einem förmlichen Religionskriege, in deſſen erſtem Aus-
1419 bruche Wenzels Tod (1419. Aug. 16.) die Verwirrung noch vergröſſerte, weil die Böhmen jetzt ſelbſt Sigismunden ihre Thronfolge nicht zugeſtehen wollten.

5) Sigismund griff zwar darauf Böhmen mit aller Macht an, die er mit Beyſtand des ganzen Reichs und ſelbſt mit der Zuflucht zum Kreuzpredigen zuſammenbringen konnte. Er richtete aber in ſechs Feldzügen nichts aus, und konnte nicht verhindern, daß die Huſſiten, deren Macht bis auf 52. tauſend Mann zu Fuß und 20. tauſend zu Pferde anwuchs, ſelbſt heftige Ausfälle in die angränzenden Länder vornahmen.

6) Endlich betrieb Sigismund, um durch gütliche Unterhandlungen zum Zweck zu kommen, die Veranſtaltung einer neuen Kirchenverſammlung zu Baſel,
1433 durch deren Vermittelung 1433. gewiſſe Compactaten zu Stande kamen, vermöge deren hauptſächlich der Gebrauch des Kelches im Abendmahl wieder frey gegeben wurde. Damit war wenigſtens ein Theil der Huſſiten, die ſich unter dem Namen der Calixtiner von den ſo genannten Taboriten abſonderten, zufrieden. Als aber jetzt ſelbſt dieſe zweyerley Partheyen der Huſſiten unter ſich darüber zu den Waffen griffen, und die Taboriten in einem Treffen (1434.

May

3) Uebrige Luxenb. Kön. 1378-1437.

May 30.) den kürzeren zogen; so erlebte Sigismund noch einen allgemeinen Vergleich (1436. Jul. 5.), worinn er noch etwas mehrere Religionsfreyheit nachgab, und so erst zum ruhigen Besitz von Böhmen gelangte, ohne jedoch denselben lange geniessen zu können († 1437. Dec. 9.).

7) So traurig die gewaltsame Zurückhaltung der Wahrheit war, die man bey dem Hussitenkriege zur Absicht hatte; so wenig ward doch nicht nur in Böhmen diese Absicht erreicht, sondern auch in andere Länder ward vielmehr vieles durch Leute, die von den Böhmischen Feldzügen zurückkamen, ausgebreitet, das desto tiefere Wurzel fassen konnte, je häufiger doch hin und wieder seit Petrarchs und Chrysoloras Zeiten mehr Licht in Sprachen und Wissenschaften aufgieng.

8) Auf der andern Seite bahnte auch der häufigere Gebrauch, den man im Hussitenkriege von Pulver und Bley machte, immer mehr den Weg zu einer ganz andern Kriegsart, wegen deren unter andern jetzt schon für jeden Zug ein Anschlag der Stände über eines jeden Beytrag oder eine nachher so genannte Reichsmatrikel entworfen ward, und die überdies bald ganz neue Zweige der Handlung eröffnete.

9) Für den Teutschen Handel hatte um diese Zeit die Hanse den höchsten Gipfel ihrer Grösse erreicht; aber in einem Kriege, den sie 1428. mit Dänemark führte, der anderen Schiffen den Weg zur Ostseehandlung geläufiger machte, und in neuen Portugiesischen Seeunternehmungen dieser Zeit konnte man schon aufkeimen sehen, was die Hanse in der Folge ihrem Verfalle nähern mußte.

10) Von anderen Merkwürdigkeiten dieser Zeit ist nur noch zu bemerken, wie Sigismund die Grafen von Savoyen und Cleve, jene 1416., diese 1417. zu Herzogen erhoben; wie er den Burggrafen Friedrich von Nürnberg 1417. Apr. 18. mit der Chur Brandenburg, und den Marggrafen Friedrich von Meissen 1423. mit der eben erledigten Chur Sachsen belehnet; wie nach Abgang der Straubingisch=Niederbairischen Linie 1425. deren Landes=Antheil doch beym Hause Baiern geblieben, aber die Grafschaften Holland, Seeland, Friesland, Hennegau, vom Hause Baiern ab an das Haus Burgund gekommen, dem kurz zuvor auch Namur, Brabant und Limburg, und bald darauf 1444. auch Lützenburg zu Theil geworden; wie Geldern 1423. an das Haus Egmond, und Jülich an Berg gekommen; und wie endlich das Haus Lothringen 1430. beynahe sein altväterliches Land verlohren haben würde, wenn nicht eine Tochter aus dem Hause Anjou mit dem Lothringischen Stammsfolger vermählt worden wäre.

IV. Haupt=

IV. Hauptstück
von den
zwey ersten Regierungen der fortwährenden Reihe der Oesterreichischen Kaiser
1437 – 1493. (56 Jahre).

§. 43.
Albrecht der II. (alt 40 — 42.)
1437. Sept. 11. — 1439. Oct. 27. (2 Jahre).

Sigismunds Tochtermann, Albrecht von Oester: 1437 reich, folgte demselben nach einander, wiewohl nicht ohne Schwierigkeiten, in der Ungarischen, kaiserlichen und Böhmischen Krone. Er war auf dem besten Wege, durch bessere Gerichtsanstalten mit Abschaffung aller Selbsthülfe und durch Eintheilung des Teutschen Reichs in sechs Kreise sowohl dem Unwesen des Faustrechts abzuhelfen, als bey Gelegenheit der zwischen der Baselischen Kirchenversammlung und dem Pabste Eugenius dem IV. entstandenen großen Weiterungen, mit Ergreifung der Neutralität und einsweiliger Annahme der bereits vorhandenen nützlichen Concilienschlüsse, das Beste der Kirche und der 1439 Teutschen Nation zu befördern. Sein Tod unterbrach aber zu früh alle diese vortheilhafte Aussichten.

§. 44.
Friedrich der III. (alt 24 — 78.)
1439. Oct. 27. — 1493. Aug. 19. (54 Jahre).

Albrechts Wittwe brachte noch nach seinem Tode (1440. Febr. 22.) einen Prinzen Ladislaus auf die

Welt, deſſen Ungariſche Regierung einsweilen von Uladislaus von Polen, ſo wie die Böhmiſche von zwey Statthaltern verſehen ward. Die Kaiſerwahl fiel aber ſchon vorher auf Friedrich von Oeſterreich, von dem man nur zu bald wahrnahm, daß er der Hoffnung, die man ſich von ihm machte, daß er in ſeines Vorfahren Fußtapfen treten ſollte, nicht entſprechen würde.

1441   2) Auf ſeinem erſten Reichstage 1441. kam zwar in Vorſchlag für ganz Teutſchland 1. Cammergericht, 4. Hofgerichte, 16. Landgerichte, 64. Freygerichte anzuordnen, und den Gebrauch des Römiſchen Rechts abzuſchaffen. Es blieb aber beym bloſſen Entwurfe, dergleichen mehrere dieſe ganze Regierung hindurch gemeiniglich von einem Reichstage zum andern ganz unthätig verſchoben wurden.

3) Um ſeiner Verbindung ein Gnüge zu thun, die Friedrich mit den Zürchern, als ſolche wegen Beerbung des letzten Grafen von Toggenburg († 1436.) mit den übrigen Eidgenoſſen zerfallen waren, geſchloſſen hatte, nahm er zu Carl dem VII. von Frankreich ſeine Zuflucht, der unter dem Marſchall Armagnac darüber 40. tauſend Mann in die Schweiz ſchickte, die ſich hernach noch weiter auf Teutſchen Boden aus-
1444 breiteten. Dagegen ward zwar 1444. ein Reichskrieg wider Frankreich beſchloſſen, aber deſſen Ausbruche kam 1445. noch ein Vergleich zuvor, ohne daß der Kaiſer weder dem Reiche noch ſeinen Bundsgenoſſen Gnugthuung verſchaffen konnte. Er kam vielmehr noch in ein gröſſeres Gedränge, da nach der unglücklichen Schlacht bey Varna (1444. Nov. 3.), worinn Uladislaus von Polen gegen die Türken geblieben war, Johann Corvinus als Statthalter von Ungarn, um den

den jungen Ladislaus aus seinen Händen zu retten, ihn in Wienerischneustadt belagerte, wovon ihn nur noch Georg von Podiebrad durch einen vermittelten Vergleich befreyte.

4) Desto geschäfftiger erwies sich Friedrich zum Vortheile des Pabstes Eugenius des IV., dem er ganz gegen des vorigen Kaisers und der Churfürsten Absicht mit Verlassung der so weislich ergriffenen Neutralität insgeheim Obedienz leistete, und mit dessen Nachfolger Nicolaus dem V. er gar die nachtheiligsten Concordaten für die ganze Teutsche Nation eingieng. Doch davon hatte er auch den Vortheil, daß ihm der nunmehr unbestrittene Pabst nicht nur die Kaiserkrone zu Rom aufsetzte, sondern auch seine Gemahlinn Eleonora von Portugall antrauete. Wenn man aber vielleicht erwartete, daß er bey dieser Anwesenheit in Italien sich der Mailändischen Sache annehmen möchte, da nach Abgang des letzten Herzogs Philipp Maria Visconti († 1447.) Franz Sforza, Graf von Catignole sich in Besitz dieses Herzogthums gesetzt hatte, worauf nunmehr auch das Haus Orleans Anspruch machte; so fand man sich in dieser Hoffnung betrogen. Der Kaiser wünschte jetzt nichts mehr, als die Freuden einer häuslichen Glückseligkeit in Ruhe zu geniessen.

1447

5) Er schien jedoch dazu bestimmt zu seyn, nur desto mehr Unfälle zu erleben, da Constantinopel (1453. May 29.) an die Türken übergieng, und Preussen über die Händel der dortigen Städte mit dem Teutschen Orden unter Polnische Botmässigkeit kam; da ferner Ladislaus (1457. Nov. 23.) unvermählt starb, und in Böhmen Georg von Podiebrad, in Ungarn Matthias Corvinus, den Kaiser aber nur in Niederoesterreich zum Nachfolger bekam, der überdies bald mit

1453

mit seinem Bruder, bald mit den Wiener Bürgern in äusserste Feindschaft verfiel. Doch endlich erlebte er noch, daß das ganze Haus Oesterreich, das er 1453. zur erzherzoglichen Würde erhoben hatte, auf ihm und seinem Sohne Max (geb. 1459.) beruhete. Uebrigens aber war ganz Teutschland voller landverderblichen Kriege und unerhörter Befehdungen.

6) Noch erlebte Friedrich eine beträchtliche Vergrösserung seines Hauses, durch die Vermählung seines Sohnes mit Carls des Kühnen, Herzogs von Burgund, einziger Tochter und Erbinn Maria. Mit dem Herzoge selbst waren zwar die darüber zu Trier gepflogenen Unterhandlungen, da Carl das Königreich Burgund in seiner Person zu erneuern gewünscht hatte, plötzlich abgebrochen. Als aber derselbe nach seinen verunglückten Kriegen im Cöllnischen und in der
1477 Schweiz, (1477. Jan. 2.) bey Nancy geblieben war; wehlte Maria dennoch zuletzt den Erzherzog Max zu ihrem Gemahle (1477. Aug. 20.), der auch einen Sohn Philipp und eine Tochter Margarethe mit ihr erzeugte. Da aber auch gleich nach Carls des Kühnen Tode Ludewig der XI. nicht nur das Herzogthum Burgund, sondern auch die Grafschaft Burgund und einen Theil von Artois in Besitz nehmen ließ; so eröffnete sich gleich damit eine unübersehliche Reihe von Kriegen zwischen Oesterreich und Frankreich. Friedrich selbst erlebte davon noch dreyerley Auftritte, erstlich nach dem inzwischen erfolgten Tode der Maria (†
1482 1482. März 28.) bis zum Frieden zu Arras (1482. Dec. 23.), worinn Maxens Tochter Margarethe dem Dauphin, nachherigem Könige Carl dem VIII., mit der Zugabe der streitigen Länder versprochen wurde; dann bis zum Frieden zu Frankfurt (1489. Jul. 22.), worinn der Widerspruch, den Max wegen der Vormund=

4) Zwey erste Oest. K. 1437-1493. 89

mundschaft über seinen Sohn in den Niederlanden erfahren hatte, mit Beybehaltung der vorigen Friedensbedingungen seine Erledigung fand; endlich bis zum Frieden zu Senlis (1493. May 23.), vermöge dessen es dabey blieb, daß Carl der VIII. die Prinzessinn Anne von Bretagne, die Maxen schon durch Vollmacht angetrauet war, zu seiner Gemahlinn nahm, und die Prinzessinn Margarethe als seine bisherige Braut ihrem Vater Maxen zurückschickte, der nur auch die derselben versprochene Mitgift nunmehr zurückbehalten konnte.

7) Nicht weniger erlebte der Kaiser für seine Person noch unangenehme Vorfälle von Seiten des Königs Matthias von Ungarn, da er erst dessen Schwiegervater, Georg von Böhmen, mit Undank belohnet, und nach dessen Tode, als er Böhmen nicht für sich erhalten können, den Polnischen Prinzen Uladislaus damit belehnet hatte. In dem hierüber zweymal zum Ausbruch gekommenen Kriege brachte Matthias zuletzt 1485. fast ganz Oesterreich in seine Gewalt, bis Max noch 1489. einen Frieden zu Ofen vermittelte. Worauf nach Matthias Tode Max erst selbst auf Ungarn Anspruch machte, jedoch auch diese Krone dem Könige Uladislaus von Böhmen überlassen mußte.

8) Wegen des Kaisers allzugrosser Unthätigkeit in Reichssachen wehlten die Churfürsten (1486. Febr. 1486 16.) den Erzherzog Max zum Römischen Könige, in der Hoffnung, daß mit dessen Beyhülfe die von den Reichsständen gemachten Entwürfe zu Errichtung eines Cammergerichts und ewigen Landfriedens zu Stande kommen würden. Es blieb aber nur noch bey einem Landfrieden, den man 1486. noch auf alten Fuß auf zehn Jahre errichtete. Doch kam bald hernach

F 5 1488.

90 Mittl. Gesch. II) bis auf Max den I.

1488. noch der Schwäbische Bund zu Stande, dessen gute Einrichtung und mehrmalige Erneuerung auf geraume Zeit die Ruhe in einem beträchtlichen Theile des Reichs zu befestigen diente; so wie die Erfindung der Buchdruckerey und die Ausbreitung einiger aus Constantinopel geflüchteten Gelehrten, ingleichen die angewachsene Zahl Teutscher Universitäten schon unter dieser Regierung eine merklich grössere Aufklärung in Sprachen und Wissenschaften zuwege brachte, und endlich die Entdeckung ergiebiger neuer Silberbergwerke im Erzgebirge den Umlauf des Geldes nicht wenig vergrösserte.

1493 9) Alles das trug das seinige dazu bey, daß mit dem endlich (1493. Aug. 19.) erfolgten Tode unsers Friedrichs des III. der Uebergang aus dem mittlern Zeitalter in die neueren Zeiten auch für unsere Geschichte immer merklicher wurde.

10) Von Standeserhöhungen unter dieser Regierung ist nur noch die Erhebung der Grafschaft Holstein zum Herzogthume bemerklich zu machen, die Christian der I. König in Dänemark, der als der erste vom Hause Oldenburg 1448. diese Krone erhalten hatte, 1474. beym Kaiser bewirkte, worauf nach Christians des I. Tode (1481.) unter seinen Söhnen, dem Könige Johannes und dem Herzoge Friedrich 1490. die erste Schleswig-Holsteinische Theilung erfolgte, *aber mit Vorbehaltung der mit Herrschaft über Holstein* —

Drittes

Drittes Buch.
Neuere Geschichte
von Max dem I. bis auf Joseph den II.
1493 — 1780. (287 Jahre).

Erste Abtheilung
bis auf den Westphälischen Frieden
1493 – 1648. (164 Jahre).

I. Hauptstück
von Max dem I. und Carl dem V.
1519 — 1558. (39 Jahre).

§. 45.
Max der I. (alt 34 — 60.)
1493. Aug. 19 — 1519. Jan. 12. (26 Jahre).

Max bekam endlich (1494. März 16.) zur zweyten 1494 Gemahlinn Blanca Maria Sforza, und ließ sich von deren Oheime Ludewig Morus verleiten an dem Bündnisse Theil zu nehmen, das derselbe (1495. 1495 März 31.) mit Ferdinand von Spanien, dem Pabste Alexander dem VI. und den Venetianern schloß, um Carl den VIII. von Frankreich, der eben die Ansprüche des Hauses Anjou auf Neapel ausgeführt hatte, über die Alpen zurückzubringen. Worauf Max nicht nur zum Treffen bey Fuornovo (1495. Jul. 6.) seinen Theil Volks mit hergab, sondern 1496. selbst nach Italien

Italien zog, um den Pisanern gegen die Florentiner zu helfen, aber Livorno vergeblich belagerte, und unverrichteter Dinge zurück mußte.

2) Diese Umstände machten, daß Max auf seinem ersten Reichstage zu Worms nur auf Hülfe gegen Frankreich und gegen die Türken antrug. Desto eifriger bestanden aber die Stände auf Vollziehung der schon 1486. gemachten Entwürfe eines ewigen allgemeinen Landfriedens und Cammergerichts, wovon die 1495 Ordnungen endlich 1495. Aug. 7. gezeichnet wurden, darauf auch das Cammergericht 1495. Oct. 31. würklich in Gang kam, womit unter andern das Römische Recht als Teutschlands gemeines Recht je länger je grösseres Uebergewicht gewann. Ein bald hernach errichtetes Reichsregiment gab ferner 1500. zu Eintheilung des Reichs in sechs Kreise Anlaß, die hernach 1512. mit Zuziehung der kaiserlichen Erblande und der sechs Churfürstenthümer noch mit vier neuen Kreisen vermehrt, und in eine gewisse Kriegsverfassung gesetzt wurden. Sodann enthielt ein Hofrathscollegium, das Max 1501. nebst einer Hofcammer an seinem Hofe anlegte, eigentlich die erste Grundlage des jetzigen Reichshofraths; doch wollten die Stände nicht zugeben, daß auch Rechtssachen daselbst vorgenommen werden könnten, wozu nach ihrer Meynung jetzt nur das Cammergericht bestimmt war, ob sie gleich nichts dawider hatten, wenn etwa besonders wichtige Fürstensachen noch an ein feierliches Fürstenrecht gebracht wurden.

3) Max war vorzüglich glücklich in Bewirkung der Wechselheirath seines Sohns Philipps mit der Spanischen Infantinn Johanne, und des Infanten Jo1496 hannes mit seiner Tochter Margarethe (1496. Oct.).

Aber

Aber desto weniger gelangen ihm seine Kriegsunternehmungen, wodurch er zuerst gegen Ludewig den XII. seines Sohnes mütterliche Ansprüche auf das Herzogthum Burgund auszuführen, und hernach die Schweizer Eidgenossen sowohl unter das Cammergericht als in den Schwäbischen Bund zu nöthigen dachte. Er konnte auch nicht verhindern, daß Ludewig der XII. die Ansprüche des Hauses Orleans auf Mailand geltend machte.

4) In der Lige zu Cambray (1508. Dec. 10.) hat- 1508 te er grössere Hoffnung von dem mit dem Pabste Julius dem II. und mit Frankreich und Spanien verabredeten Untergange der Republik Venedig Vortheil zu ziehen. Aber auch diese Hoffnung ward am Ende fast gänzlich vereitelt. Hingegen gelang wieder eine neue 1515 Wechselheirath zwischen Maxens Enkel und Enkelinn und Uladislaus von Ungarn und Böhmen Kindern. (1515.).

5) Für den inneren Zustand des Teutschen Reichs war es ein Glück, daß das Cammergericht seinen Fortgang behielt, und eine grössere Aufnahme der Künste und Wissenschaften, wie auch der Schiffahrt und Handlung immer mehr Aufklärung und bessere Sitten hoffen ließ; wiewohl es noch äusserst schwer hielt, das so tief eingewurzelte Faustrecht und die damit verbundenen üblen Sitten dem Adel zu entwöhnen.

6) Doch nichts war von so grossem Erfolge, als der Widerspruch, den die dem Dominicaner, Johann Tetzel, in Sachsen anvertraute Ablaß-Commission auf der erst 1502. neu errichteten Universität zu Wittenberg von dem dortigen Professor, Doctor Martin Luther, leiden mußte. Dessen am 31. Oct. 1517. da- 1517
wider

wider öffentlich angeschlagene Theses und andere Schriften verwickelten ihn zwar bald in einen Ketzerproceß. Da er aber, an statt der ihm zugefertigten Ladung nach Rom folgen zu dürfen, auf des Churfürsten Friedrichs des Weisen Vermittelung (1518. Oct.) vor dem Cardinal Cajetan zu Augsburg verhört wurde; so half er sich von dessen widrigem Ausspruche noch mit der Appellation an den Pabst, und, nach einer inzwischen zum Vortheile des Ablasses erfolgten pábstlichen Bulle, mit der Berufung auf eine allgemeine Kirchenversammlung; wobey ihm der Tod des Kaisers (1519. Jan. 12.) noch zu rechter Zeit zu statten kam, um den Schutz des Chursächsischen Reichsvicariats geniessen zu können.

§. 46.

Carl der V. alt 19 — 58.
1519. Jan. 12. — 1558. Febr. (39 Jahre).

Mit der Kaiserwahl verzog es sich diesmal über fünf Monathe, bis endlich auf des Churfürsten Friedrichs von Sachsen Vorschlag eine Wahlcapitulation entworfen, und gegen deren eidliche Bestärkung (1519. Jun. 28.) Carl zu Frankfurt gewehlt und (1520. Oct. 23.) zu Aachen gekrönet ward. Bald darauf sah sich derselbe zwar in Krieg mit Frankreich verwickelt. Er hielt aber doch noch seinen ersten Reichstag zu Worms (1521. Jan. — May 26.), wo vorerst ein Reichsregiment, um in des Kaisers Abwesenheit seine Stelle einigermassen zu ersetzen, errichtet, sodann Landfriede und Cammergerichtsordnung erneuert, und eine seitdem beständig gewordene Reichsmatrikel abgefasset wurde. Auch kamen hier schon zweyerley Angelegenheiten, des Herzogs von Würtenberg, und des Bischofs von Hildesheim, vor, die beide wegen Landfrie-

§. 46. Carl der V. 1519-1558.

friedensbruchs bald hernach in die Acht erkläret wurden. Hauptsächlich aber fieng jetzt Doctor Luther an, allgemeine Aufmerksamkeit zu erregen, als er von der (1520. Jun. 15.) eigentlich gegen ihn ergangenen päbstlichen Bulle nicht nur nochmals feierlich an ein allgemeines Concilium appellirte, sondern auch nunmehr die ganze päbstliche Hierarchie angriff, und den ganzen Verfall der Kirche mit unerwarteter Freymüthigkeit aufdeckte. Darüber ward er jetzt unter kaiserlichem Geleite nach Worms gebracht, wo doch am Ende (1521. May 26.) die Achtserklärung und ein Verbot seiner Lehre und Schriften wider ihn erfolgte. Da er aber auf Veranstaltung des Churfürsten von Sachsen ins geheim auf die Wartburg gebracht ward, und seine Schriften, insonderheit die Uebersetzung des neuen Testaments (1522.) und sein kleiner Catechismus (1523.), immer allgemeinern Eingang fanden; konnte man auf zwey nach einander zu Nürnberg gehaltenen Reichstägen (1522. und 1524.) weiter nicht kommen, als daß dem Wormser Edicte soviel möglich nachgelebt werden sollte.

1522

Inzwischen machte es desto grösseres Aufsehen, als Franz von Sickingen den Churfürsten von Trier befehdete, und in Thüringen unter Anführung Thomas Münzers ein Bauernkrieg zum Ausbruche kam, wiewohl beides ohne Grund auf Luthers Rechnung geschrieben wurde. Aber noch ganz andere Folgen der bisherigen Religionsbewegungen kamen erst jetzt zum Vorschein, da der bisherige Hochmeister des Teutschen Ordens, Marggraf Albrecht von Brandenburg, mit der Krone Polen einig wurde, Preussen für sich und seine Nachkommen zu secularisiren, und da nach Absterben des Churfürsten Friedrichs von Sachsen dessen Bruder und Nachfolger Johann der Standhafte öffentlich

1525

fentlich die Hand dazu bot, daß mit Abschaffung der Messe das Abendmahl in beiderley Gestalt und in Teutscher Sprache gehalten, und sowohl der öffentliche Gottesdienst als das Kirchenregiment auf einen andern Fuß gesetzt wurde. Diesem Beyspiele folgte hernach der Landgraf Philipp von Hessen, der überdies dem Klosterleben in seinem Lande ein Ende machte, und die Klostereinkünfte theils zu vier Hospitälern, theils zur Universität zu Marburg und andern Kirchen- und Schulanstalten verwandte. Auch fand die Reformation sowohl in anderen Teutschen Ländern als Europäischen Reichen immer mehreren Eingang.

3) In der That lag es meist nur an Regenten und Obrigkeiten, wenn der Eindruck, den Luthers Schriften und seine oder seiner Anhänger Kirchen- und Schul-Vorträge fast überall bey den Unterthanen machten, gehemmt und zurückgehalten wurde. So verbanden sich 1525. zu Dessau die Churfürsten von Mainz und Brandenburg nebst dem Herzoge Henrich dem jüngern von Braunschweig-Wolfenbüttel, wogegen deswegen Chursachsen und Hessen zu Torgau ein Schutzbündniß schlossen, zu welchem hernach zu Magdeburg noch die Herzoge von Lüneburg und Mecklenburg, der Fürst von Anhalt, der Graf von Mansfeld, und die Stadt Magdeburg beytraten. Unter solchen Umständen wurde 1526. auf einem anderweiten Reichstage zu Speier wieder nur soviel beschlossen, daß ein jeder Reichsstand des Wormser Edicts halber sich so halten sollte, wie er es gegen Gott und den Kaiser zu verantworten gedächte.

4) Der Kaiser war indessen nicht nur für seine Person in Krieg mit Frankreich verwickelt, dem erst nach vergeblich geschlossenem Frieden zu Madrid (1526. Febr.

§. 46. Carl der V. 1519–1558.

Febr. 17.) ein zweyter Friede zu Cambray (1529. 1529 Aug. 5.) auf einige Zeit ein Ende machte; Er sah überdies seinen Bruder Ferdinand um eben die Zeit, als ihm die Königreiche Ungarn und Böhmen mit des König Ludewigs Niederlage und Tode bey Mohacz zufielen, in einen schweren Krieg mit Johann von Zips und mit den Türken verwickelt, die mit Noth noch 1529. von Wien zurückgeschlagen wurden.

5) In eben diesem Jahre rückte der Landgraf Philipp von Hessen schon ins Feld, um den Folgen eines Bündnisses zuvorzukommen, das nach den ihm von Otto von Pack zu Dresden zugekommenen Nachrichten (1527. May 12.) zu Breslau wider ihn und Chursachsen geschlossen seyn sollte. Er ließ sich jedoch durch den dagegen erhobenen Widerspruch noch besänftigen. Aber eben dieses Vorfalls halber, und da immer mehrere Neuerungen in Teutschen Ländern und Städten vorgiengen, ward auf Verlangen des Kaisers an statt des vorigen Reichsschlusses vom Jahr 1526. durch Mehrheit der Stimmen festgesetzt, daß keine weitere Neuerung in der Religion gestattet werden sollte.

6) Die dagegen eingewandte Protestation der evangelischen Stände (welche ihnen nachher den Namen der Protestanten zuwege gebracht,) fand beym Kaiser eben so wenig Eingang, als der Reichstag, auf welchem er 1530. zu Augsburg das feierliche Glaubens- 1530 bekenntniß der protestirenden Stände anhörte, der Hoffnung, die man sich davon gemacht hatte, entsprach. Nur der Türkenkrieg und die Irrungen, welche über die Römische Königswahl Ferdinands des I. und über die Wiedereinnahme von Würtenberg entstanden waren, gaben theils den Anlaß zu einem vorläufigen Religionsfrieden 1532., theils den Stoff zu 1532
G einem

1534 einem Vergleiche zu Cadan (1534. Jun. 29.), wo nur die Wiedertäufer ausgeschlossen wurden, deren Unwesen bald darauf auch zu Münster ein Ende nahm.

7) Als inzwischen bey fernerer Abwesenheit und anderweiten Beschäfftigungen des Kaisers die Zahl der evangelischen Reichsstände immer grösser ward, und ein beträchtliches Bündniß derselben zu Schmalkalden zu Stande kam; so ward diesem nicht nur ein so genannter heiliger Bund entgegengesetzt; sondern nach einigen hinzugekommenen neuen Vorfällen in Naumburg, Cölln und andern Stiftern, und da insonderheit die Schmalkaldischen Bundesverwandten dem Herzoge Henrich von Wolfenbüttel, mit einem Ueberfall in sein Land und mit Eroberung seiner Residenz zuvorgekommen waren, schien der Kaiser mit dem Frie1544 den zu Crespy 1544. und einem Stillstande, den sein Bruder um eben die Zeit mit den Türken schloß, nur in der Absicht seiner übrigen Feinde sich zu entledigen, um in Teutschland desto grössern Nachdruck brauchen zu können; wozu er noch grössern Antrieb bekam, als 1545 der Herzog Henrich 1545. nicht nur die Absicht sein Land wieder zu erobern verfehlte, sondern vielmehr vom Landgrafen Philipp (1545. Oct. 20.) bey Nordheim geschlagen, und nach Ziegenhain gefangen geführt wurde.

8) Da der Kaiser schon zu Anfang des Jahres 1546. Kriegsvölker werben und aus Spanien und Italien verschreiben ließ, und auf dem Reichstage, den er im 1546 Jun. 1546. zu Regensburg hielt, den Protestanten, die ihn wegen der Kriegsrüstungen befragten, nur bedrohliche Aeusserungen zur Antwort gab; so kamen ihm diese mit dem ersten Ausschlage in so weit zuvor, daß den 10. Jul. 1546. Sebastian Schertel die Ehrenburger

§. 46. Carl der V. 1519-1558.

ger Clause besetzte, auch bald darauf die Hauptarmee des Schmalkaldischen Bundes, ohne sich durch die ihren beiden Häuptern entgegengeschickte Achtserklärung aufhalten zu lassen, über Würzburg nach der Donau zu aufbrach. Jedoch als die beste Zeit den Kaiser anzugreifen versäumt ward, und der Herzog Moriz von Sachsen durch einen mit dem Kaiser insgeheim verabredeten Einfall in Chursachsen den Churfürsten dahin brachte, daß derselbe sich vom Schmalkaldischen Heere trennte; so ward dieses grosse Heer schon im ersten Feldzuge ohne Schwerdtstreich aus einander gebracht. Und da der Kaiser den folgenden Feldzug gleich mit der Schlacht bey Mühlberg (1547. Apr. 24.) eröffnete, 1547 worinn ihm der Churfürst selbst in die Hände fiel; so folgte bald darauf die Capitulation von Wittenberg (1547. May 18.), und die Unterwerfung des Landgrafen Philipps zu Halle (1547. Jun.), wodurch der Kaiser beide Häupter des Schmalkaldischen Bundes nebst ihren Ländern in seine Gewalt bekam. Damit ward er auch bald Meister von allen anderen damaligen Angelegenheiten, wie sichs nicht nur in der Braunschweigischen, Naumburgischen und Cöllnischen Sache, worinn alles nach des Kaisers Sinne gehen mußte, sondern auch überhaupt auf dem Reichstage zeigte, den nunmehr der siegreiche Kaiser zu Augsburg hielt, wo der gefangene Churfürst Johann Friedrich zusehen mußte, daß sein Vetter Moriz mit seiner Chur belehnt wurde.

Unter andern ließ der Kaiser, unzufrieden über die 1548 im Dec. 1545. zu Trident eröffnete Kirchenversammlung, währenden Reichstags zu Augsburg (1548. May 15.) ein so genanntes Interim bekannt machen, wie es bis zu Austrag des Concilii mit der Religion in Teutschland gehalten werden sollte; dessen verweigerte Annehmung vorerst der Stadt Costnitz eine Achtserklärung und bald darauf den Verlust ihrer Reichsfreyheit zuzog. Wie aber auch wider die Stadt Magdeburg deswegen die Acht ergieng, deren Vollziehung dem Churfürsten Moritz von Sachsen aufgetragen ward, der inzwischen wegen der Härte des Kaisers gegen den Landgrafen Philipp als seinen Schwiegervater anders Sinnes ward; so bewirkte Moritz, in Gefolg einer geheimen Verbindung mit Frankreich, mit seinem plötzlichen Aufbruche nach Tirol, den Henrich der II. von Frankreich mit einem Einfall in Lothringen begleitete, daß im Passauer Vertrage (1552. Aug. 7.), und, nachdem der Kaiser Metz vergeblich belagert, und der Markgraf Albrecht von Brandenburg-Culmbach noch bey Sievertshausen (1553. Jul. 9.) eine Niederlage erlitten hatte, endlich auch in einem förmlichen Religionsfrieden (1555. Sept. 25.) den Augsburgischen Confessionsverwandten alle Sicherheit zugesagt wurde. Nur in dem Wunsche einer allgemeinen völligen Freystellung der Religion ward ihnen weiter nicht willfahret, als daß vermöge einer besondern Erklärung des Römischen Königes (1555. Sept. 24.) evangelische Unterthanen in catholischen geistlichen Ländern von ihrer Religion nicht verdrängt werden sollten. Aber für Geistliche, die künftig ihre Religion verändern würden, gab Ferdinand durch seinen einseitigen Machtspruch in dem so genannten geistlichen Vorbehalte den Ausschlag, daß sie alsdann auch ihre Beneficien verliehren müßten. Uebrigens war es auf der einen Seite für die Protestanten jetzt ein nicht geringer Vortheil, daß doch drey weltliche Churfürsten ihrer Religion zugethan waren, und in mehr weltlichen und geistlichen Ländern die Reformation noch immer weiter ausgebreitet wurde. Auf der andern Seite eröffnete hingegen die Aufnahme des neuen Jesuiteror-

§. 46. Carl der V. 1519–1558.

terordens für die Zukunft nicht die besten Aussichten.

W Von anderen Reichsangelegenheiten dieser Zeit hatte das Religionswesen auch auf das Cammergericht grossen Einfluß, da die neue Ordnung, welche Carl der V. 1548. zu Augsburg zu Stande gebracht hatte, wegen Zulassung beiderley Religionsverwandten 1555. abgeändert und von neuem promulgirt werden mußte. Auch die Kreisverfassung ward jetzt mit einer in den Reichsabschied 1555. eingerückten Executionsordnung auf andern Fuß gesetzt. Und in einzelnen Ländern kam, mit der jetzt merklich veränderten Lebensart und mit neuen Einrichtungen des Kriegs= Justitz= Finanz= und Steuerwesens fast durchgängig alles auf einen ganz andern Fuß, als es bisher gewesen war.

V Ueber das Verhältniß, worinn Lothringen zum Teutschen Reiche stehen sollte, hatte Carl der V. schon 1542. einen Vertrag mit dem Hause Lothringen zu Stande gebracht. Auf dem Reichstage zu Augsburg bestimmte er auch das Verhältniß der Niederlande oder des Burgundischen Kreises zum Reiche. Davon übergab er hernach 1556. noch bey seinem Leben die Regierung an seinen Sohn Philipp, dem er auch bald darauf die ganze Spanische Monarchie abtrat. Aber die kaiserliche Thronfolge nebst den übrigen Oesterreichischen Erblanden mußte er seinem Bruder Ferdinand lassen, von dessen drey Söhnen der älteste, Mar, mit Carls des V. Tochter schon 1552. einen Sohn Rudolf erzeugt hatte.

II. Hauptstück
von
Ferdinand dem I., Max dem II. und Rudolf dem II.
1558—1612. Jan. 10. (54 Jahre).

§. 47.
Ferdinand der I. (alt 55—61.)
1558 — 1564. Jul. 25. (6 Jahre).

1/ 1558 Die kaiserliche Resignation ward auf einem churfürstlichen Collegialtage 1558. angenommen, und bey der Gelegenheit Ferdinanden doch noch eine neue Wahlcapitulation vorgelegt, worinn sowohl als in der Churverein, die zugleich erneuert wurde (a), des Religionsfriedens Erwehnung geschah. Eine Unzufriedenheit, die der Pabst über diese Regierungsveränderung bezeugte, hatte nur den Erfolg, daß darüber die kaiserliche Krönung zu Rom aus dem Gange kam.

2/ Die Religionstrennung veranlaßte zwar immer mehrere Irrungen und gegenseitige Beschwerden, besonders seitdem der Churfürst Friedrich der III. von der Pfalz sich öffentlich zur reformirten Religion bekannte, und das Ende der Tridentischen Kirchenversammlung (1563. Dec. 4.) die Scheidewand zwischen der catholischen und evangelischen Kirche nur immer stärker machte. Es blieb aber doch noch bey dem Religionsfrieden, und der Kaiser erlebte noch die Römische Königswahl Max des II. (1562. Nov. 24.)

§. 48.

(a) Corp. iur. publ. S. 210.

§. 48.

Max der II. (alt 37 — 49.)
1564. Jul. 25 — 1576. Oct. 12. (12 Jahre).

Unter Max dem II. endigte sich erst eine Sache, 1564 die schon unter der vorigen Regierung groß Aufsehen gemacht hatte. Wilhelm von Grumbach, der wegen Ermordung des Bischofs Melchior von Würzburg und wegen anderer landfriedensbrüchigen Unternehmungen gegen die Stadt und das Hochstift Würzburg in die Acht gerathen war, aber bey dem Herzog Johann Friedrich von Gotha Schutz gefunden hatte, zog jetzt (1566.) auch diesem die Achtserklärung zu, mit deren 1566 Vollziehung Chursachsen erst diesen Theil des Teutschen Reichs beruhigte.

Ein neuer Türkenkrieg ward durch einen baldigen Stillstand (1567.) auf 8. Jahre unterbrochen. Da- 1567 gegen verfehlte zwar der Kaiser die Hoffnung, die Krone Polen an sein Haus zu bringen. Er bewirkte aber doch noch die Römische Königswahl Rudolfs des II. (1575. Oct. 27.), zu dessen Vortheile auch das Recht 1575 der Erstgebuhrt in des Kaisers Erblanden in Gang kam.

§. 49.

Rudolf der II. (alt 24 — 60.)
1576. Oct. 12. — 1612. Jan. 10. (36 Jahre).

Rudolf der II. erlebte bald anfangs die große Re- 1576 volution, daß von den Spanischen Niederlanden sieben Provinzen wegen der unter Spanischer Herrschaft erlittenen Religions- und anderer Bedrückungen, worüber es schon seit 1568. zu öffentlichen Thätlichkeiten gekommen war, sich zu Uetrecht (1579. Jan. 23.) in eine engere Union begaben, und der Krone Spanien

end-

endlich (1581. Jul. 26.) den Gehorsam völlig aufkündigten. Das Ende dieses Krieges erlebte Rudolf nicht.

1582 2) Sein erster Reichstag (1582.) und sein ganzes Betragen ließ auch für die Beybehaltung der bisherigen Ruhe in den übrigen Gegenden des Teutschen Reichs nicht viel gutes hoffen, da die Irrungen, welche unter den Protestanten unter sich entstanden waren, nach einem 1580. mühsam zu Stande gebrachten Concordienbuche, worauf hernach selbst in Sachsen noch vielerley Auftritte über den Cryptocalvinismus folgten, den Jesuiten Gelegenheit gaben, die Fortdauer des Religionsfriedens anzufechten; und da hingegen sowohl in den Oesterreichischen Erbländern, als in Ländern geistlicher oder zur catholischen Religion zurückgetretener Fürsten vielmehr eine catholische Gegenreformation desto eifriger in Gang gebracht wurde, auch endlich die Religionsveränderung des Churfürsten Gebhards von Cölln und eine zwistige Bischofswahl zu Straßburg den widrigen Erfolg hatten, daß in beiden Fällen der geistliche Vorbehalt zuletzt mit Gewalt durchgesetzt wurde.

3) Alles das wurde noch verwickelter, da beide Religionstheile seit 1582. wegen des vom Pabste Gregorius dem XIII. eingeführten neuen Calenders auch in einen Calenderzwist gerathen waren, und da der Reichshofrath aufs neue anfieng Gerichtbarkeit auszuüben, und zum Nachtheile der Protestanten widrige Verfügungen und Erkenntnisse zu erlassen, als insonderheit gegen die Reichsstädte Aachen und Donawerth, und in zwey wichtigen Successionsfällen, deren einer den 1604. erledigten Marburgischen Landesantheil, worüber Hessencassel und Hessendarmstadt stritten, der andere

§. 49. Rudolf der II. 1576-1612.

andere die durch den Tod des letzten Herzogs Johann Wilhelms von Jülich († 1609. März 25.) erledigten Länder betraf, welche letztere Churbrandenburg und Pfalzneuburg einsweilen in Besitz nahmen, an statt daß der Kaiser Chursachsen damit belehnte, in der That aber den Erzherzog Leopold als Sequester in Besitz setzen wollte. — 1609

4) Ueber alle diese Irrungen kam es schon (1610. Febr. 3.) zu einer Union der evangelischen Stände, die den Churfürsten Friedrich den IV. von der Pfalz, und zu einer catholischen Lige, die den Herzog Max von Baiern zu ihrem Haupte erklärte; ohne daß die gütlichen Unterhandlungen, welche verschiedentlich versucht wurden, von einiger Wirkung waren. — 1610

5) Der Kaiser erlebte aber selbst für seine Person noch den Verdruß, daß wegen seiner Gemüthsschwachheit durch eine Verabredung seiner Brüder und Stammsvettern (1606. Apr. 25.) sein Bruder Matthias als Haupt des Hauses ihm an die Seite gesetzt wurde, und daß er demselben, da wiederholte Anschläge, ihn in dem nächsten Successionsfalle vorbeyzugehen, mißlangen, gar bey lebendigem Leibe erst (1608. Jun. 17.) Oesterreich und Ungarn, hernach (1611. Apr. 11.) auch Böhmen abtreten mußte, nachdem alle diese Länder inzwischen die bündigsten neuen Religionsversicherungen erhalten hatten. — 1611

III. Hauptstück
von
Matthias und Ferdinand dem II. und III.
1612. Jan. 10 — 1657. März 23. (45 Jahre).

§. 50.
Matthias (alt 55 — 62.)
1612. Jan. 10. — 1619. März 20. (7 Jahre).

1612 Nach Rudolfs Tode entstand einmal wieder ein Interregnum, nachdem seit 1519. keines gewesen war. Die Wahl des Kaiser Matthias ward aber doch ohne Anstand vollzogen. Es fehlte auch demselben nicht an gutem Willen, allen Irrungen und Beschwerden abzuhelfen. Nur war es schon zu weit damit gediehen, als daß von dem Reichstage 1613. etwas ersprießliches zu erwarten gewesen wäre. Die Jülichische Sache ward vielmehr immer weitaussehender, da der Prinz Wolfgang Wilhelm von Pfalzneuburg sich mit dem Churfürsten von Brandenburg entzweyte, und nach angenommener catholischen Religion von den Niederlanden aus Spanische Hülfe bekam, der Churfürst hingegen, der sich inzwischen zur reformirten Religion bekannte, den Beystand der vereinigten Niederlande hatte.

In den kaiserlichen Erblanden ward die Veranstaltung getroffen, daß auf des Kaisers Todesfall gleich der Erzherzog Ferdinand zur Succession gelangen sollte, der deswegen den 29. Jun. 1617. schon als designirter König in Böhmen gekrönet ward. Wie aber die Böhmen sich beschwert hielten, daß die ihnen zugestangestandenen Religionsversicherungen nicht gehalten würden; so kam es wegen eines von den evangelischen Unterthanen des Abts zu Braunau unternommenen und vom Abte verwehrten Kirchenbaues am $\frac{13}{23}$ May 1618. zu Prag zum Ausbruch öffentlicher Thätlichkei- 1618 ten, die in kurzem so weit um sich griffen, daß von Seiten der mißvergnügten Böhmen unter dem Grafen von Thurn bald ein mächtiges Kriegsheer ins Feld kam, und, von protestantischen Hülfsvölkern unter dem Grafen Ernst von Mansfeld unterstützt, im Jan. 1619. schon in Oesterreich einbrach, ohne daß es die 1619 kaiserlichen Feldherren Dampierre und Buquoy ver- hindern konnten.

§. 51.
Ferdinand der II. (alt 41 — 59.)
1619. März 20 — 1637. Febr. 15. (18 Jahre).

Die Kaiserwahl fiel zwar noch zum Vortheil Fer- 1619 dinands des II. aus (1619. Aug. $\frac{18}{28}$); aber die Böh- men erklärten ihn ihrer Krone verlustig (1619. Aug. $\frac{17}{27}$), und wehlten vielmehr Friedrich den V. von der Pfalz zu ihrem Könige, der auch gleich darauf (im Oct.) von Böhmen Besitz nahm. Allein die Hoff- nungen, die sich derselbe zu seiner Unterstützung ge- macht hatte, schlugen bald fehl, da sein Schwieger- vater der König Jacob von Engelland viel zu unthätig war, und die Union durch einen von Frankreich ver- mittelten Vertrag mit der Lige (1620. Jul. 9.) dahin 1620 gebracht ward, sich aus der Sache zu halten.

Darüber drang schon im Sommer 1620. eine Spanisch-Burgundische Armee in die Unterpfalz ein, und der Herzog Max von Baiern, der zum Vortheil des Kaisers in Böhmen einbrach, erfocht mit einem

Siege

Siege bey Prag (1620. $\frac{\text{Oct. 29.}}{\text{Nov. 8.}}$) die Entscheidung der ganzen Sache, da der Churfürst von der Pfalz gleich flüchten mußte, und Böhmen mit der größten Strenge jetzt nicht nur zum Gehorsam gebracht, sondern auch die catholische Religionsverfassung daselbst überall hergestellt wurde.

1621 Wider den Churfürsten ergieng hernach (1621. Jan. $\frac{12}{22}$.) gar die Achtserklärung, deren Vollziehung in der Oberpfalz gleich der Herzog von Baiern übernahm. In der Unterpfalz erschien zwar noch einige Hoffnung, da der Graf von Mansfeld, der sich aus Böhmen dahin gezogen hatte, noch Frankenthal entsetzte, und den ihm nachgefolgten General Tilly bey 1622 Wieseloch schlug (1622. Apr. 29.), auch der Marggraf von Durlach und der Prinz Christian von Braunschweig noch unter den Waffen standen. Aber da beide letztere nach einander bey Wimpfen (May 6.) und bey Höchst (Jun. 19.) von Tilly geschlagen wurden, ward dieser mit der Eroberung von Heidelberg (Sept. $\frac{6}{16}$.) bald Meister von der ganzen Pfalz, und 1623 im folgenden Feldzuge 1623. bewirkte er vollends mit einem Treffen bey Stadtloo im Münsterischen (Aug. 6.) die gänzliche Zerstreuung alles Volks, das Christian von Braunschweig noch beysammen erhalten, und dem Grafen von Mansfeld in Ostfriesland zuzuführen gedacht hatte.

Während der Zeit erfolgte schon die Uebertragung der Pfälzischen Chur an Baiern (1623. Febr.), und nebst dem, daß gegen Baden-Durlach und Hessencassel lauter widrige Reichshofrathserkenntnisse ergiengen, war Tilly jetzt mit der catholischen Gegenreformation, so weit er reichen konnte, beschäfftiget.

Nur

§. 51. Ferdinand der II. 1619-1637.

5) Nur der Niedersächsische Kreis wagte es noch unter dem Könige Christian dem IV. von Dänemark ein Kriegsheer ins Feld zu stellen, bey dem sich auch Christian von Braunschweig und der Graf von Mansfeld wieder einfanden. Allein nach einigen Unfällen, die schon 1625. vorfielen, lief vollends der Feldzug 1625 1626. unglücklich ab. Denn der Graf von Mansfeld ward (1626. Apr. 25.) bey der Dessauer Brücke 1626 von Albrecht von Wallenstein geschlagen; und nachdem Tilly Münden und Göttingen eingenommen hatte, brachte er den König selbst bey Lutter am Barenberge zum Schlagen (1626. Aug. 27.), wo er einen solchen Sieg über ihn erfocht, daß er bald darauf Meister bis an die Ostsee wurde, und sogar in Schleswig und Jütland eindrang.

6) Nunmehr wurden so gar Entwürfe gemacht, eine kaiserliche Flotte auf der Ostsee auszurüsten, um sowohl Dänemark als Schweden auch zur See angreifen zu können; in welcher Absicht Wallenstein schon zum Reichsadmiral auf der Ostsee, und nach einer wider die Herzoge von Mecklenburg erkannten Achtserklärung selbst zum Herzoge von Mecklenburg ernannt wurde. Und dann erfolgte jetzt ein schon lange im Werke gewesenes allgemeines Restitutionsedict (1629. März 1629 6.), um alle in evangelische Hände gerathene geistliche Stiftungen wieder auf catholischen Fuß zurückzubringen.

7) Nur eine Diversion, die jetzt nach Richelieus Anschlägen der König Ludewig der XIII. von Frankreich in Mantua machte, hatte die Wirkung, daß der Kaiser (1629. May 12.) zu Lübeck mit Dänemark Frieden schloß, und daß er auf einem Churfürstentage zu Regensburg (1630. Jun. 10 — Dec. 13.) sich be- 1630
quemte,

quemte, einen Theil seiner Kriegsheere nebst dem General Wallenstein abzudanken, auch zu einem Compositionstage Hoffnung zu machen, der wegen der Religionssachen zu Frankfurt gehalten werden sollte.

8) Hauptsächlich aber war es einem zwischen Schweden und Polen insgeheim von Frankreich vermittelten sechsjährigen Stillstande (1629. Sept. $\frac{16}{26}$) zu verdanken, daß Gustav Adolf König in Schweden, gegen den der Kaiser den Polen Hülfe zugeschickt hatte, und dessen Gesandten beym Lübeckischen Congreß abgewiesen waren, jetzt die Waffen gegen den Kaiser ergriff. Derselbe landete im Jun. 1630. auf der Pommerischen Küste, besetzte Stettin (Jul. 10.), faßte in Pommern und Mecklenburg festen Fuß, und zeichnete (1631. Jan. 13.) zu Bärenwald einen Subsidientractat mit Frankreich. Weil die Churfürsten von Sachsen und Brandenburg Bedenken trugen, sich mit ihm zu verbinden, so konnte er zwar nicht hindern, daß Tilly Magdeburg eroberte und zerstöhrte (1631. May 10.). Er fand aber doch Mittel, nachdem er Frankfurt an der Oder (Apr. 3.) erobert, und Cüstrin und Spandau besetzt hatte, bis über die Elbe vorzurücken. Und da Tilly selbst mit einem Einbruch in Sachsen beide Churfürsten nöthigte, sich mit dem Könige zu vereinigen; so gab diesem eine Hauptschlacht bey Leipzig (1631. Sept. 7.) den Vortheil völlig in die Hände.

9) Nach diesem Siege setzte Gustav Adolf den ganzen Winter hindurch seine Progressen bis München und Landshut fort; aber der Churfürst von Sachsen säumte zu lange in Böhmen, wo er Prag schon den 11. Nov. 1631. besetzt hatte. Gegen diesen wandte sich deswegen zuerst der General Wallenstein, der an
des

§. 51. Ferdinand der II. 1619-1637. 111

des inzwischen an einer Wunde verstorbenen Generals Tilly Stelle von neuem das Commando bekommen hatte. Hernach zogen sich beide Hauptheere (1632.) 1632 bey Nürnberg, ohne daß eines dem andern etwas entscheidendes anhaben konnte. Aber als Wallenstein den Krieg wieder in Sachsen zu spielen suchte, verlohr er die Hauptschlacht bey Lützen (1632. Nov. 6.), obgleich Gustav Adolf gleich anfangs dabey ums Leben kam.

Bernhard von Weimar, der jetzt die königliche Armee commandirte, befreyte noch in eben dem Jahre ganz Sachsen von kaiserlichen Kriegsvölkern, und brach im Frühjahre 1633. in Vereinigung mit Gu- 1633 stav Horn von neuem in Baiern ein. Es kam auch unter Direction des Canzlers Oxenstiern, dem während Unmündigkeit der Königin Christina die Teutschen Sachen anvertrauet waren, am 13. Apr. 1633. ein Bündniß der vier oberen Kreise Franken, Schwaben, Ober- und Nieder-Rhein, mit der Krone Schweden zu Stande, deren Kriegsvölker und Bundsgenossen vorerst noch überall im Vortheil blieben. Allein der junge König Ferdinand, der an des inzwischen ermordeten Wallensteins Stelle zur Armee gekommen war, hatte endlich das Glück, den Herzog Bernhard von Weimar, als derselbe Nördlingen entsetzen wollte, 1634 (1634. $\frac{\text{Aug. 27}}{\text{Sept. 7}}$) dergestalt zurückzuschlagen, daß die Schweden gleich bis in die Wetterau, und im folgenden Jahre gar bis in Pommern zurückweichen mußten, und daß es hingegen mit Chursachsen zu Pirna (1634. Nov. 22.) zu Präliminarien, und zu Prag (1635. Jul. 10.) zu einem sehr nachtheiligen Frieden 1635 kam, worauf selbst Sachsen gegen Schweden feindlich zu handeln anfieng.

Doch

11) Doch nunmehr schickte selbst Frankreich (weil die vom Churfürsten von Trier eingenommene Französische Besatzung den 27. März 1635. von Spanisch-Niederländischen Truppen überfallen war), nicht nur eine Armee an den Rhein, sondern bewirkte auch die Verlängerung des Schwedisch-Polnischen Stillstandes auf 26. Jahre (1635. Sept. 12.), und schloß überdies einen Subsidientractat mit dem Herzog Bernhard von Weimar (1635. Oct. 27.). Dadurch bekamen die Schweden neuen Muth, so daß nach einigen vor-
1636 läufigen glücklichen Gefechten am 24. Sept. 1636. bey Wittstock wieder ein Hauptsieg von Banner und Wrangel über die vereinigte kaiserliche und Sächsische Armee erfochten, auch darauf noch in eben dem Winter Hessen wieder befreyet, und Erfurt (1636. Dec. 22.) und Torgau (1637. Jan. 12.) von Banner erobert wurde.

12) Darüber kamen schon Friedenshandlungen in Bewegung, die der Pabst mit Frankreich zu Cölln, und der König von Dänemark mit Schweden zu Hamburg oder Lübeck vermitteln sollte, wiewohl auf beiden Seiten es noch kein rechter Ernst zu seyn schien. Doch half es die Römische Königswahl Ferdinands des III. noch zu rechter Zeit befördern (1636. Dec. 12.).

§. 52.
Ferdinand der III. (alt 29 — 49.)
1637. Febr. 15 — 1657. März 23. (20 Jahre).

1637 1) Ein kaiserliches Heer, das in Sachsen vorrückte, nöthigte Bannern bey Torgau über die Elbe zurückzugehen, und machte es ihm schwer, die Vereinigung mit Wrangel bey Stettin zu bewirken, und das nunmehr durch Bogislaus des XIV. Tod (†1637. März 10.) erle-

§. 52. Ferd. der III. 1637–1657.

erledigte Pommern in Besitz zu nehmen. Er gewann aber doch bald wieder die Oberhand, um 1639. den Krieg wieder in des Kaisers Erblande spielen zu können. Und so gelang es auch dem Herzog Bernhard am Rhein, eine anfangs erlittene Niederlage mit mehreren nach einander erfochtenen Siegen wieder gut zu machen, und sich nach der Eroberung von Breisach (1638. Dec. 3.) in ganz Elsaß festzusetzen, so aber nach seinem Tode (1639. Jul. 3.) mit seinem ganzen Heere der Krone Frankreich in die Hände fiel.

2) Jetzt ward zwar, mit einiger Hoffnung zu neuen Friedenshandlungen, ein Reichstag zu Regensburg gehalten (1640. Sept. — 1641. Oct.), ohne daß Bannern sein darauf gefaßter Anschlag gelang. Aber Hippolithus a Lapide und der Regierungsantritt des Churfürsten Friedrich Wilhelms von Brandenburg trugen nicht wenig dazu bey, daß der Kaiser seine Absicht auf dem Reichstage nicht erreichen konnte, sondern sich in Friedens-Präliminarien zu Hamburg einlassen mußte (1641. Dec. 25.), vermöge deren ein Congreß mit Frankreich zu Münster und mit Schweden zu Osnabrück im März 1642. eröffnet werden sollte. Doch mußte nach Banners Tode († 1641. May 10.) dessen Nachfolger, Leonhard Torstenson, erst durch einen neuen Einbruch in die kaiserlichen Erblande und durch einen wichtigen Sieg bey Leipzig (1642. Oct. 23.) die Ratification der Präliminarien bewirken (1643. März 23.), worauf einsweilen im May 1643. ein Reichsdeputationstag zu Frankfurt in Gang kam, da inzwischen nach Richelieu († 1642. Nov. 24.) und Ludewigs des XIII. Tode († 1643. May 4.) während der Minderjährigkeit Ludewigs des XIV. der Cardinal Mazarin die Sachen in ihrem bisherigen Gange fortführte.

H   Jedoch

3) Jedoch eine Niederlage, die den Franzosen bey Düttlingen beygebracht wurde (1643. Nov. 14.), und Torstensons plötzlicher Einbruch in Holstein (1643. Dec.) legten den Friedenshandlungen neue Hindernisse in Weg, bis das Glück der Schwedischen Waffen, sowohl gegen Dänemark als von neuem in des Kaisers Erblanden, endlich die Eröffnung des Congresses zu Münster und Osnabrück (1645. Apr.), und, nach Ankunft des Grafen von Trautmannsdorf (1645. Nov. 15.), etwas mehr Fortgang in den Geschäften zuwege brachte. Dennoch mußte noch in drey Feldzügen der anhaltende Fortgang der Schwedischen Waffen unter Wrangel, und der Französischen unter Türenne, insonderheit mit wiederholtem Einbruche in Baiern, und noch zuletzt mit Eroberung der kleinen Seite von Prag, der Sache den nöthigen Nachdruck geben, um endlich den Frieden zum völligen Schlusse zu bringen.

4) Bey den Friedenshandlungen war ausser den einheimischen Teutschen Sachen auch die Sache der vereinigten Niederlande mit der Krone Spanien zu schlichten, worüber zu der ersteren Vortheile der Friede zu Münster schon den $\frac{20}{30}$ Jan. 1648. gezeichnet wurde. So hatte auch schon den 14. May 1647. die Schweizer Eidgenossenschaft mit Bewilligung des Reichs ein kaiserliches Decret erlanget, um im Besitze ihrer völligen Freyheit geschützt zu werden, worüber hernach ein eigner Artikel sowohl im Münsterischen als Osnabrückischen Frieden eingerückt wurde. Hingegen die Streitigkeiten der Krone Spanien mit Frankreich und Portugall, und der Krone Frankreich mit Lothringen sah man sich genöthiget, gänzlich zurückzusetzen. Doch mußte der Kaiser im Münsterischen Frieden versprechen, weder der Krone Spanien noch dem Hause Lothringen gegen Frankreich Hülfe zu leisten.

Mit

§. 52. Ferd. der III. 1637–1657.

5) Mit den einheimischen Teutschen Sachen vereinigten sich die Forderungen der beiden Kronen Frankreich und Schweden, die nicht nur Gnugthuung wegen der Kriegskosten und zurückzugebenden Plätze verlangten, sondern auch andere wieder davon abhangende Compensations-Forderungen unterstützten. So bekam die Krone Schweden im Osnabrückischen Frieden Pommern, Rügen, Wismar, Bremen, Verden, mit allen darauf haftenden Rechten, und verschiedenen neuen Privilegien, und überdies fünf Millionen Thaler für die Schwedische Militz. Wogegen Brandenburg wegen Pommern mit Magdeburg, Halberstadt, Minden, Camin; Mecklenburg wegen Wismar mit Schwerin und Ratzeburg; und Braunschweig-Lüneburg wegen einiger Coadjutorien mit der Abwechselung in Osnabrück schadlos gehalten wurde. Das Haus Hessencassel bekam überdies Hirschfeld und sechs Tonnen Goldes. Im Münsterischen Frieden bekam Frankreich Metz, Tull, Verdun, Pignerol, Elsaß und Philippsburg gegen drey Millionen Livres, die es dem Erzherzog Ferdinand Carl zu zahlen versprach.

9) Die Amnestie ward zwar der Regel nach bis auf den Anfang des ganzen Krieges von 1618. her festgesetzt; jedoch mit Ausnahme der in kaiserlichen Erblanden confiscirten Güter, wenn deren Besitzer erst nachher in Schwedische oder Französische Dienste getreten waren, und mit Ausnahme der Oberpfalz und der an Baiern übertragenen Chur, an deren Stelle bis auf Abgang des Hauses Baiern für Pfalz eine neue achte Chur errichtet wurde. Woneben auch sonst viele Angelegenheiten einzelner Häuser hier ihre besondere Bestimmung erhielten.

1648

7) Von anderen einzelnen Irrungen, die schon vor dem Kriege entstanden, und zum Theil als dessen Ursachen anzusehen waren, wurden nur die Hessischen, in Beziehung auf vorher schon geschlossene Verträge, berichtiget. Die Jülichische und Donawerthische Sache blieb unerlediget.

8) Zu Abthuung der Religionsbeschwerden ward der Religionsfriede mit Inbegriff der Reformirten von neuem bestätiget, auch das Verhältniß zwischen Reformirten und Lutherischen noch besonders bestimmt. Sowohl wegen der geistlichen Stiftungen als wegen der Religionsübung ward der Besitzstand vom Jahre 1624. zur ewigen Richtschnur angenommen. Uebrigens aber sollte zwischen beiden Religionstheilen eine vollkommene Gleichheit beobachtet, und zu dem Ende bey Reichsgerichten, wie auch bey Commissionen und Reichsdeputationen immer eine gleiche Anzahl beiderley Religionsverwandten angesetzt, unter Reichsständen aber, wenn beiderley Religionstheile ungleicher Meynung seyn würden, nicht die Mehrheit der Stimmen befolget, sondern nur gütliche Handlung vorgenommen werden.

9) Für die politische Verfassung des Teutschen Reichs ward sowohl die Landeshoheit, mit Inbegriff des Rechtes Bündnisse zu schliessen und innhabende Reichspfandschaften ferner zu behalten, als das freye Stimmrecht aller und jeder Reichsstände in Berathschlagungen über Reichsgesetze, Steuern, Krieg und Frieden, oder ähnliche nicht vom Kaiser allein zu besorgende Dinge festgesetzt; dem Reichshofrathe aber eine dem Cammergerichte gleich gehende Gerichtbarkeit zugestanden; und nur noch dem nächsten Reichstage vorbehalten, erst künftig auszumachen, wie es mit Achtserklä=

erklärungen, Römischen Königswahlen, und einer für 1648 beständig zu errichtenden Wahlcapitulation gehalten werden solle.

Wegen Vollziehung des Friedens ward zwar sowohl für jetzt als fürs künftige, unter Garantie aller und jeder Theilhaber des Friedens, alle mögliche Vorsorge getroffen. Es gab aber unmittelbar nach unterzeichneten Friedensschlüssen, theils zu Prag zwischen der kaiserlichen und Schwedischen Generalität, theils noch zu Münster und Osnabrück vielerley Unterhandlungen, bis erst am 8. Febr. 1649. die Auswechselung der Ratificationen des Friedens, und den 2. März die verabredeten kaiserlichen Schreiben an die kreisausschreibenden Fürsten erfolgten. Worauf doch erst nach neuen Executionshandlungen zu Nürnberg 1650. Jun. 16. ein Hauptreceß zu Stande kam, vermöge dessen in drey Terminen, jedem von 14. Tagen, jedesmal eine von den fünf Millionen an Schweden bezahlt, und zugleich eine gewisse Anzahl Regimenter abgedankt, und gewisse Plätze Zug um Zug geräumet, auch alle klare Restitutionsfälle unaufhältlich, andere längstens in drey Monathen berichtiget werden sollten (a). 1649 1650

Im Ganzen war der Westphälische Friede, was Teutschlands innere Verfassung betrifft, am vortheilhaftesten für die Landesherrschaften, die jetzt anderen Europäischen Mächten in Ansehung ihrer Gewalt in ihren Ländern beynahe völlig gleich gesetzt waren. Sie hatten aber Mühe, ihre Länder von den Verwüstungen und Folgen des Krieges wieder in Aufnahme zu bringen. Insonderheit konnten die wenigsten Städte ihren erlittenen Verlust verwinden, wenn man diejenigen

(a) Corp. iur. publ. S. 854. 863. u. f.

jenigen ausnimmt, die etwa von der Residenz ihrer Landesherrschaft, oder von einer Universität, oder von einer besonderen Handlungsquelle neuen Zufluß bekamen.

12) Die kaiserliche Gewalt verlohr in eben dem Maaße, als die Reichsstände gewannen, und als andere Mächte die ehemaligen Grundsätze von der Hoheit eines Römischen Kaisers, als Herrn der Welt, nicht mehr für bekannt annahmen. Nur in Ansehung des Reichshofraths gewann der Kaiser. Und obgleich viele von den bisherigen Streitigkeiten der beiden Religionstheile zum Vortheile der Protestanten entschieden waren, oder wenigstens eine gewisse Bestimmung erhalten hatten; so fehlte es doch nicht an Stoff zu neuen Irrungen, zu deren Unterhaltung und Benutzung insonderheit die Jesuiten nur noch immer geschäfftiger wurden.

13) Ehe der im Frieden versprochene Reichstag eröffnet ward, brachte der Kaiser noch die Römische Königswahl seines ältesten Prinzen, Ferdinands des 1653 IV., zu Stande (1653. May 21.), dessen Tod († 1654. Jun. 29.) jedoch bald die davon gefaßte Hoffnung zu nichte machte. Der Reichstag wurde erst den 17. Jun. 1653. durch die kaiserliche Proposition in Thätigkeit gesetzt, wovon aber nur dasjenige, was die Reichsdeputation 1643. vom Reichsjustizwesen meist schon vorgearbeitet hatte, im Reichsabschiede 1654 (1654. May 17.) seine Erledigung fand. Das übrige ward größtentheils auf eine anderweite Reichsdeputation oder zum nächstkünftigen Reichstage ausgesetzt.

In

§. 52. Ferdinand der III. 1637–1657.

In dem fortwährenden Kriege zwischen Spanien und Frankreich neigte sich das Glück seit 1654. auf letztere Seite, ohne daß sich der Kaiser darein mengen durfte. Als aber nach Resignation der Königinn Christine von Schweden der neue König Carl Gustav 1655. in Polen einbrach, kam nur der Tod des Kaisers (1657. März 23.) der Erfüllung eines drey Tage vorher von ihm mit Polen geschlossenen Bündnisses zuvor.

1655
1657

Zweyte Abtheilung
der neueren Geschichte
vom
Tode Ferdinands des III. bis auf Joseph den II.
1657 — 1780. (123 Jahre).

I. Hauptstück
von den
drey letzten Kaisern aus dem Hause Oesterreich Leopold, Joseph und Carl dem VI.
1657 — 1740. (83 Jahre).

§. 53.
Leopold (alt 17 — 65.)
1657. März 23 — 1705. May 5. (48 Jahre).

1657 Das Interregnum veranlaßte einen heftigen Streit zwischen Churbaiern und Churpfalz über das Reichsvicariat, der selbst bey der Wahlversammlung bis in persönliche Thätlichkeiten ausbrach. Die Wahl selbst ward nicht ohne Schwierigkeiten für Leopolden 1658 zu Stande gebracht (1658. Jul. 8.). Dessen Wünschen entsprach nun nichts mehr, als die anscheinende Beruhigung Europens; in Süden mit dem Pyrenäi- 1659 schen Frieden (1659. $\frac{\text{Oct. 27.}}{\text{Nov. 7.}}$), wovon die Vermählung Ludewigs des XIV. mit der ältesten Spanischen Infantinn eine Hauptbedingung ausmachte; in Nor- 1660 den mit dem Olivischen Frieden (1660. $\frac{\text{Apr. 23.}}{\text{May 3.}}$) und mit

mit dem zu Coppenhagen (1660. May 27.), da Schweden unter andern Liefland erhielt, und für Holstein-Gottorp die Unabhängigkeit des Herzogthums Schleswig durchsetzte, das Haus Brandenburg aber die Unabhängigkeit des Herzogthums Preussen befestiget bekam. Ein unter dem Namen der Rheinischen Allianz (1658. Aug.) von einigen Ständen unter sich und mit Schweden und Frankreich geschlossenes Bündniß ward (1660. Aug. 31.) noch auf drey Jahre verlängert, ohne daß es weitere Folgen hatte. Nur der Bischof Bernhard Christoph von Münster fand noch Mittel, die Stadt Münster, die er 1657. schon einmal vergeblich belagert hatte, (1661. März 29.) mit Oesterreichischer und Französischer Hülfe völlig unter seine Botmässigkeit zu bringen.

Ein Türkenkrieg, worinn sich um diese Zeit der Kaiser wider seinen Willen verwickelt sah, gab Anlaß, daß an statt der Reichsdeputation, die auf Veranlassung des jüngsten Reichsabschiedes seit 1655. zu Frankfurt im Gange war, 1663. wieder eine allgemeine Reichsversammlung zu Regensburg eröffnet wurde. Darauf nahm zwar der Türkenkrieg ein unerwartet baldiges Ende. Aber die zugleich vorgenommenen Berathschlagungen über die beständige Wahlcapitulation zogen sich so in die Länge, und es gab immer soviel neuen Stoff zu Berathschlagungen, daß es sich allmälig zu einer immerwährenden Reichsversammlung anzulassen schien. Gleich in den ersten Jahren ereigneten sich verschiedene Vorfälle, die ihre Aufmerksamkeit auf sich zogen; als die Churmainzische Ueberwältigung der Stadt Erfurt 1664.; der Streit zwischen Churmainz und Churpfalz über das Wildfangsrecht (1665 – 1667.); eine Successions-Irrung der beiden Brüder, Georg Wilhelms und Johann Friedrichs,

vom

vom Hause Braunschweig-Lüneburg (1665. März 15 – Sept. 2.); ein Krieg, den der Bischof von Münster wegen Borkeloo mit den Holländern anfieng (1665 – 1666. Apr. 9.); und endlich die Anfechtung, worinn die Städte Bremen, Cölln und Braunschweig wegen ihrer Freyheit geriethen, worinn die letztere endlich den kürzern zog. Von dieser Zeit fieng es auch in Teutschland an merklich zu werden, daß verschiedene Reichsstände Anstalten dazu machten, auch in Friedenszeiten stehende Kriegsheere zu unterhalten.

Der Türkenkrieg hinterließ doch noch üble Nachwehen, da in Ungarn ein öffentliches Mißvergnügen ausbrach, das den Kaiser nöthigte ein beträchtliches Kriegsheer daselbst zu halten. Auf der andern Seite konnte es dem Kaiser nichts weniger als gleichgültig seyn, als Ludewig der XIV. nach seines Schwiegervaters Philipps des IV. Tode erst unter dem Vorwande des Brabantischen Devolutionsrechts die Spanischen Niederlande, und, nach deren durch eine Tripelallianz der vereinigten Niederlande mit Engelland und Schwe-
1672 den bewirkten Rettung, demnächst die Holländer angriff, ohne daß diese anfangs weiteren Beystand als nur von Churbrandenburg hatten. Endlich kam es über einige von Französischer Seite selbst auf Teutschem Boden ausgeübte Feindseligkeiten zum Reichskriege gegen Frankreich, und, nachdem sich Carl der XI. von Schweden verleiten ließ eine Diversion in Brandenburgischen zu machen, auch mit vorzüglich glücklichem Fortgange gegen Schweden. Aber auf einem zu Nimwegen angestellten Friedenscongresse schloß Frankreich erst besonders mit den Holländern
1678 (1678. Aug. 10.) und mit Spanien (1678. Sept. 17.). Hernach schloß auch der Kaiser, ohne weitere Rücksprache mit dem Reiche zu halten, nicht nur mit
Frank-

§. 53. Leopold 1657-1705.

Frankreich), sondern auch mit Schweden (1679. Febr. 5.). Und sowohl Dänemark als Churbrandenburg wurden durch Französische Truppen, die hernach in ihre Westphälische Länder einrückten, genöthiget, sich ebenfalls zum Frieden zu bequemen. Durch diese Friedensschlüsse bekamen zwar die Holländer, aber auch die Schweden, alles ihnen abgenommene zurück. Ludewig der XIV. gewann aber die Grafschaft Burgund, und gab nur Philippsburg gegen Freyburg heraus.

y) Des Nimwegischen Friedens ungeachtet hörten die Französischen Feindseligkeiten auf Teutschem Boden nicht nur nicht auf, sondern Ludewig der XIV. nahm auch mittelst neu angelegter Reunionskammern zu Breisach, Metz und Bisanz, noch von neuem viele Reichsländer in Anspruch. Während eines darüber veranlaßten gütlichen Congresses zu Frankfurt ließ er so gar Straßburg in Besitz nehmen. Wie aber um eben die Zeit anstatt der gewünschten Verlängerung des 1664. mit den Türken geschlossenen zwanzigjährigen Stillstandes ein neuer Bruch mit den Türken erfolgte, die 1683. schon Wien, wiewohl vergeblich, belagerten; so ward einsweilen mit Frankreich ein zwanzigjähriger Stillstand geschlossen, und bis dahin Straßburg und Kehl nebst andern bis den 1. Aug. 1681. schon reunirten Orten in Französischen Händen gelassen. 1681 1683

z) Je glücklicher jetzt der Krieg gegen die Türken fortgesetzt werden konnte, je grösseren Anlaß nahm Ludewig der XIV. neue Beschwerden über den Kaiser zu führen, als nach Abgang des Churpfalzsimmerischen Mannsstamms mit dem Churfürsten Carl († 1685.) den Ansprüchen, die dessen an den Herzog von Orleans vermählte Schwester auf die Allodialverlassenschaft machte, nicht gewillfahrt, und als 1688. mit Zurück- 1685 setzung des von Frankreich unterstützten Coadjutors von Fürstenberg vielmehr Joseph Clemens von Baiern zum Churfürsten von Cölln erwehlet wurde. Noch im Jahre 1688. brach ein Französisches Kriegsheer in die Pfalz und andere benachbarte Länder ein, und der ganze Strich Landes von Speier und Heidelberg bis Oppenheim ward im Jan. und Febr. 1689. nach der grausamen Vorschrift des Französischen Kriegsministers von Louvois mit vorsätzlicher Einäscherung aller Städte und Dörfer in eine Wüste verwandelt.

6) Von nun an behielten beide Kriege sowohl mit Frankreich als mit den Türken ihren Fortgang, während dessen vorerst der Erzherzog Joseph zum Römischen Könige erwehlet, und das Haus Hannover mit der neunten Chur belehnt ward, auch übrigens verschiedene evangelische Reichsstände zu ihrem grossen Vortheile ganze Colonien ihrer Glaubensgenossen aufnahmen, die nach der im Oct. 1685. geschehenen Wiederrufung des Edicts von Nantes aus Frankreich flüchteten.

7) Im Kriege behielt Ludewig der XIV. am Ende doch wieder die Oberhand, bot aber doch, in Hinsicht auf den bevorstehenden Spanischen Successionsfall, die Hand zum Frieden, der auf einem unter andern von 32. Reichsdeputirten beschickten Congresse zu Ryßwick (1697. Oct. 30.) endlich dahin geschlossen wurde, daß Frankreich nur die am rechten Ufer des Rheins reunirten Orte herausgeben, hingegen Straßburg, und was sonst im Elsaß reunirt war, behalten sollte. Nur wegen der im vierten Artikel noch kurz vor Unterschrift des Friedens eingedrängten Clausel, daß in den von Frankreich zu restituirenden Orten die catholische Religion im gegenwärtigen Zustande bleiben sollte, weigerten

§. 53. Leopold 1657–1705.

gerten sich nicht nur die evangelischen Reichsdeputirten den Frieden mit zu unterschreiben, sondern auch auf dem Reichstage versagte der evangelische Religionstheil die Genehmigung dieser Clausel. Inzwischen litt der Religionszustand unter dem Vorwande dieser Clausel und durch das so genannte Simultaneum in der Pfalz und an anderen Orten, wo evangelische Unterthanen catholische Landesherren hatten, zu jener Nachtheile täglich mehrere Veränderungen. Daher es nicht geringe neue Besorgnisse gab, als der Churfürst von Sachsen König in Polen und catholisch ward; wiewohl er nach ertheilten Religionsversicherungen das evangelische Directorium dennoch beybehielt.

Mit den Türken kam es, nach etlichen von den kaiserlichen Kriegsheeren, insonderheit noch zuletzt unter dem Prinzen Eugen von Savoyen bey Zentha (1697. Sept. 11.), erfochtenen Siegen, endlich auch noch vor Ablauf dieses Jahrhunderts zum Frieden zu Carlowitz (1699. Jan. 26.). Auch ward der bisherige Calenderzwist durch einen mit Ausgang des Jahrhunderts (1699. Sept. 30.) vom evangelischen Religionstheile angenommenen verbesserten Calender, bis auf einigen Unterschied in Berechnung der Ostern, glücklich gehoben. Und der Anfang des neuen Jahrhunderts zeichnete sich gleich mit Errichtung eines neuen Königreichs in Preussen aus (1701. Jan. 18.).

1699

Aber für die Ruhe von Europa eröffneten sich bald üble Aussichten, da in Norden mit dem Anfange des Jahres 1700. ein weitaussehender Krieg von Dänemark, Polen und Rußland gegen Schweden zum Ausbruch kam, und der Tod des Königs Carls des II. von Spanien († 1700. Nov. 1.) einen eben so weitläuftigen Krieg unter den südlichen Mächten veranlaßte,

1700

te, auch in Ungarn neue Unruhen losbrachen. In der Spanischen Successionssache, worinn Leopold seine Rechte seinem zweyten Prinzen, dem Erzherzoge Carl, übertrug, erlebte er zwar, nach einem in Italien von ihm alleine gemachten glücklichen Anfange, und nach dem hernach erfolgten Beytritt der Seemächte, wie auch der associirten Kreise, und endlich des ganzen Reichs, noch einen sehr wichtigen Sieg, den Marlborough und Eugen (1704. Aug. 15.) über die Franzosen und Baiern bey Blindheim unweit Höchstädt erfocht. Es fehlte aber doch noch sehr viel, daß er den Krieg überlebt hätte († 1705. May 5.).

1704

1705

§. 54.

Joseph der I. (alt 27 — 33.)
1705. May 5 — 1711. Apr. 17. (6 Jahre).

1705 ſ Joseph erlebte, nach drey in den Niederlanden gegen die Franzosen erfochtenen wichtigen Siegen, daß Ludewig der XIV. 1709. und 1710. sehr vortheilhafte Friedensbedingungen antrug. Unter ihm ergieng auch die Achtserklärung gegen die Churfürsten von Cölln und Baiern (1706. Apr. 29.) und den Herzog von Mantua (1708. Jun. 30.). Auch wußte er den Pabst Clemens den XI. dahin zu bringen, daß er Carl den III. als König in Spanien erkennen mußte. Und die Ungarischen Händel wurden endlich beygelegt. Aber eine Veränderung im Englischen Staatsrathe und zwey kurz nach einander erfolgte Todesfälle, des Dauphins (1711. Apr. 14.) und des Kaisers (Apr. 17.), gaben den Friedenshandlungen über die Spanische Successionssache eine ganz andere Wendung.

Im Nordischen Kriege nöthigte Carl der XII. den König August von Polen so gar seine Krone an Stanis-

Stanislaus Lescinsky abzutreten. Aber eine Niederlage bey Pultawa (1709. Jun. 27.) nöthigte ihn hinwiederum zur Flucht nach Bender. Und von nun an wachten alle bisherige Bündnisse gegen Schweden wieder auf, in Ansehung deren man nur das Teutsche Reich bey der Neutralität zu erhalten suchte; ohne doch die Genehmigung Carls des XII. darüber zu erhalten.

In unseren Reichssachen zog die Bairische Achtserklärung die Folge nach sich, daß Churpfalz seine ehemalige Churstelle wieder einnahm, auch nunmehr Churbraunschweig introducirt und Churböhmen readmittirt wurde. Auch verglich man sich jetzt über die Stellen der beständigen Wahlcapitulation, wie es künftig überhaupt mit Achtserklärungen und Römischen Königswahlen gehalten werden sollte. Uebrigens ward über ein schon 1704. am Cammergerichte entstandenes Justitium 1707. eine ausserordentliche Visitation desselben beschlossen, die erst 1711. das Gericht wieder in Gang brachte, und doch noch über zwey Jahre fortwährte.

§. 55.

Carl der VI. (alt 26 — 55.)
1711. Apr. 17 — 1740. Oct. 20. (29 Jahre).

Josephs Tod eröffnete zwar Carl dem VI. den 1711 Weg zum kaiserlichen Throne, aber er beförderte auch die zwischen Frankreich und Engelland schon angefangenen Friedenshandlungen, die zu Uetrecht in lauter 1713 einzelnen Friedensschlüssen zwischen Frankreich auf einer, und Engelland, Portugall, Preussen, Savoyen, Holland auf der andern Seite, sodann zwischen Spanien an einem, und Engelland und Savoyen am andern

128 Neuere Gesch. II) nach dem Westph. Fr.

andern Theile, nach einander dahin zu Stande kamen, daß Philipp der V. die Spanische Monarchie behalten, der Kaiser aber die Spanischen Niederlande nebst Neapel, Sardinien und Mailand, das Haus Savoyen Sicilien, und die Krone Engelland Gibraltar, Minorca und beträchtliche Stücke Landes in America haben sollte. Der Kaiser setzte zwar nebst dem Reiche den Krieg noch eine Zeitlang fort. Allein da in kurzem Landau und Freyburg verlohren giengen, und der Prinz Eugen der unter dem Marschall Villars vereinigten Französischen Macht nicht mehr gewachsen war; 1714 so verabredeten diese beiden Heerführer (1714. März 4.) zu Rastadt solche Präliminarien, denen hernach zu Baden im Ergau nur noch die äusserliche Gestalt eines förmlichen Friedens gegeben werden durfte. In diesem Frieden blieb es also bey den Hauptbedingungen der Uetrechter Friedensschlüsse. Nur den Churfürsten von Cölln und Baiern ward ihre völlige Herstellung ausbedungen; aber die Hoffnung, die man sich wegen Abschaffung der Ryßwickischen Clausel gemacht hatte, gieng nicht in ihre Erfüllung.

Als hernach in Engelland (1714. Aug. 1.) Georg der I. auf den Thron kam, und nach Ludewigs des 1715 XIV. Tode (1715. Sept. 1.) unter dessen unmündigem Urenkel und Nachfolger, Ludewig dem XV., die Regentschaft dem Herzoge von Orleans zufiel; kam es 1716 (1716. Sept. 19.) zu einer Tripelallianz zwischen Frankreich, Engelland und Holland, welche die völlige Beylegung der Spanischen Successionssache zur Absicht hatte. Allein da Carl der VI. wieder in einen Türkenkrieg verwickelt ward, und Spanien davon Anlaß nahm, neue Zurüstungen zu machen; zeigte sich bald, daß die Absicht des Spanischen Ministers Alberoni nur dahin gieng, der Krone Spanien noch vortheil-

§. 55. Carl der VI. 1711-1740.

theilhaftere Bedingungen, und dem Don Carlos, den Philipp der V. in zweyter Ehe mit Elisabeth Farnese erzeugt hatte, einen Sitz in Italien zu verschaffen; indem Spanien plötzlich die der Spanischen Monarchie entzogenen Italiänischen Staaten angreifen ließ. Nun nahm zwar der Türkenkrieg nach etlichen für den Kaiser erfochtenen Siegen mit dem Frieden zu Passarowitz (1718. Jul. 21.) ein baldiges Ende. Der Kaiser ließ sich aber doch noch die in Gestalt einer Quadrupelallianz von Frankreich und Engelland (1718. Aug. 2.) entworfenen Friedensvorschläge gefallen, dem Don Carlos auf Abgang der Häuser Medices und Farnese eine Anwartschaft auf Toscana, Parma und Piacenza zu geben. Nur Spanien selbst mußte erst zu Annehmung dieser Vorschläge gezwungen werden; da dann alles übrige annoch auf einem Congresse zu Cambray vollends berichtiget werden sollte.

) Während der Zeit war im Nordischen Kriege das Herzogthum Bremen mit der Eroberung von Stade (1712. Sept. 2.) in Dänische, und Stettin (1714.) in Preussische Hände gefallen. Und obgleich Carl der XII. unvermuthet wieder zu Stralsund erschien, so gieng doch auch Stralsund und Wismar verlohren. Als aber vollends Carl der XII. hernach vor Friedrichshall in Norwegen blieb (1718. $\frac{\text{Nov. 30.}}{\text{Dec. 11.}}$), und in der Schwedischen Regierungsform eine grosse Aenderung vorgieng; so kam es endlich auch hier mit einer Macht nach der andern zu Friedensschlüssen, deren Hauptinhalt dahin gieng, daß Churbraunschweig die von Dänemark am 26. Jun. 1715. abgetreten erhaltenen Herzogthümer Bremen und Verden, sodann Preussen Stettin mit dem Districte zwischen der Oder und Peene, ingleichen Dänemark den Holsteingottorpischen

J   Antheil

Antheil von Schleswig, und Rußland Liefland behielt. Noch hatte während dieses Krieges der Herzog Carl Leopold von Mecklenburg, der in seinem Hause und Lande grosse Irrungen hatte, mit des Czaar Peters Brudertochter sich vermählt, und mit Zuziehung zwey Russischer Regimenter alle Rittergüter in seinem Lande besetzen lassen. Dagegen rückten (1719. Febr.) Hannoverische und Braunschweigische Truppen zur kaiserlichen Execution ins Land, und Carl Leopold ward zuletzt selbst seiner Regierung entsetzt.

4) Seit dem Badischen Frieden gab es übrigens zwischen beiden Religionstheilen im Reiche immer neuen Stoff zu Mißhelligkeiten. Unter andern ward in der Cöllnischen Moderationssache und bey den Berathschlagungen über das Erztallmeisteramt der Gebrauch des iuris eundi in partes bestritten; und die 1717. bekannt gewordene Religionsveränderung des Churprinzen von Sachsen veranlaßte selbst über das evangelische Directorium von neuem grosse Bewegungen. Hauptsächlich aber machte es grosses Aufsehen, als 1719. der Churfürst von der Pfalz den Reformirten zu Heidelberg ihre Hauptkirche nehmen, und überdies den Heidelberger Catechismus verbieten ließ. Darüber ward schon von Churbrandenburg und Churbraunschweig zu Repressalien geschritten, und auf ein deswegen erlassenes kaiserliches Commissionsdecret kam es schon zu so nachdrücklichen Gegenäusserungen, daß noch üblere Folgen zu besorgen waren, wenn nicht 1720 König Georg der I. noch eine Convention vermittelt hätte, daß vorerst alle seit dem Badischen, dann die seit dem Ryßwickischen, und endlich die seit dem Nimwegischen und Westphälischen Frieden vorgefallenen Religionsbeschwerden abgestellt werden sollten; wiewohl auch diese Convention ihre volle Wirkung nicht erhielt.

Dem

5/ Dem Kaiser lag um diese Zeit nichts mehr am Herzen, als eine schon 1713. von ihm errichtete pragmatische Sanction, daß auf den Fall, wenn er auch nur Töchter hinterlassen würde, selbige und deren Nachkommen nach dem Rechte der Erstgebuhrt, nach deren Abgang aber erst die Josephischen, dann die Leopoldischen, und so weiter zurück die entfernteren weiblichen Nachkommen des Hauses succediren sollten. Je näher in der Folge dieser Fall einzutreten schien, je mehr ließ sich der Kaiser angelegen seyn, dieser Sanction durch Anerkennung der dabey interessirten Theile und durch Garantien anderer Mächte alle mögliche Festigkeit zu verschaffen. Nächstdem hatte der Kaiser auch grosse Handlungsentwürfe, um theils zu Wien in Beziehung auf den Passarowitzer Frieden eine orientalische, und zu Ostende eine Ost- und Westindische Handlungsgesellschaft zu errichten.

6/ Alles das hatte auf den nach Cambray angesetzten Congreß nicht geringen Einfluß. Denn als Ludewig der XV. inzwischen selbst die Regierung angetreten, und mit Zurücksendung der vom Herzog von Orleans zur Gemahlinn für ihn bestimmt gewesenen Spanischen Infantinn den Spanischen Hof gegen sich aufgebracht hatte, setzte dieser sich desto näher mit dem Wiener Hofe zusammen, so daß Carl der VI. und Philipp der V. jetzt (1725. Apr. 30.) unmittelbar zu Wien mit einander Friedens- und Freundschafts-Tractaten schlossen, worinn unter andern die Krone Spanien nicht nur die pragmatische Sanction garantirte, sondern auch der Ostendischen Compagnie viele Vortheile zugestand.

7/ Diese Wiener Tractaten, womit der Congreß zu Cambray von selbsten ein Ende nahm, veranlaßten bald darauf ein Defensivbündniß, das zu Hannover (1725. Sept. 3.) zwischen Engelland, Frankreich und Preussen geschlossen wurde; da hingegen die Kaiserinn 1726 Catharina von Rußland (1726. Aug. 6.) dem Wiener Bunde beytrat. Doch so nahe schon ein allgemeiner Krieg zum Ausbruch zu stehen schien, so bequemte sich der Kaiser (1727. May 31.) noch zu Präliminarien, kraft deren die Ostendische Compagnie noch auf sieben Jahre suspendirt, und der übrigen Irrungen halber wieder ein Congreß gehalten werden sollte. Während dieses Congresses aber, der zu Soissons eröffnet wurde, verglichen sich Spanien, Frankreich 1729 und Engelland (1729. Nov. 9.) zu Sevilla, daß die Ostendische Compagnie gänzlich aufgehoben, und der Krone Spanien gestattet werden sollte, zu Versicherung der Succession in Toscana, Parma und Piacenza für den Don Carlos 6000. Spanier dahin zu schicken. Auch dabey sich zu beruhigen ließ sich der Kaiser nur dadurch bewegen, daß der König von Engelland die Garantie der pragmatischen Sanction übernahm, welche nachher auch durch ein Reichsgutachten 1732 (1732. Jan. 11.) übernommen wurde.

1733 §) Dennoch veranlaßte der Tod des Königs in Polen († 1733. Febr. 1.) einen neuen Krieg mit Frankreich, worinn der Kaiser so wenig Glück hatte, daß 1735 er geschehen lassen mußte, daß nach ganz unerwarte-
1738 ten Präliminarien (1735.), die hernach (1738.) in einen Definitivtractat verwandelt wurden, Lothringen gegen Toscana, dieses gegen Neapel und Sicilien, und dieses endlich gegen Parma und Piacenza vertauscht wurde, wogegen nunmehr auch Frankreich die pragmatische Sanction garantirte.

§. 55. Carl der VI. 1711-1740.

9) Eben so unglücklich lief auch der Krieg ab, worinn Carl der VI. noch mit den Türken verwickelt wurde, denen er im Frieden Belgrad und ganz Servien, nebst Orsowa und der Oesterreichischen Wallachey, abtreten mußte.

10) Doch noch andere Besorgnisse eines in Teutschland wegen Jülich und Berg befürchteten Krieges nahmen eine andere Wendung, als der Churfürst Carl Philipp von der Pfalz noch den König Friedrich Wilhelm von Preussen († 1740. May 31.) 1740 überlebte, dessen Nachfolger Friedrich der II. ganz andere Maaßregeln ergriff.

II. Hauptstück
von

Carl dem VII. Franz dem I. und Joseph dem II.
1740. Oct. 20. — 1780. (40 Jahre).

§. 56.
Carl der VII. (alt 43 — 48.)
1740. Oct. 20. — 1745. Jan. 20. ($4\frac{1}{4}$ Jahre).

1740 Nach Carls des VI. Tode nahm dessen älteste Tochter, Maria Theresia, in Gefolg der pragmatischen Sanction, ungeachtet des von Chur-Baiern dagegen erregten Widerspruchs, von allen Oesterreichischen Erblanden Besitz. Sie hatte auch grosse Hoffnung, ihrem Gemahle, dem Herzoge Franz von Lothringen, nunmehrigem Großherzoge von Toscana, die Kaiserwürde zu verschaffen. Aber ganz unerwartete Ansprüche, die der König in Preussen auf Jägerndorf, Liegnitz, Brieg und Wohlau machte, und denen er gleich (1740. Dec.) mit einem Einbruch in Schlesien den grössten Nachdruck gab, machten in der ganzen Lage der Sache eine völlige Veränderung.

1741 Als vollends der König in Preussen gleich im ersten Treffen bey Molwitz (1741. Apr. 10.) den Sieg davon trug; so kam im May 1741. zu Nymphenburg ein Französisch-Spanisches Bündniß mit Churbaiern zu Stande, um sowohl dessen Oesterreichische Successionsansprüche zu unterstützen, als dem Churfürsten zur Kaiserwürde behülflich zu seyn, wozu die Hoffnung desto grösser war, als bald nach einander Churcölln, Chur-

§. 56. Carl der VII. 1740-1745.

Churpfalz, Neapel, Preußen und Churſachſen dieſem Bunde beytraten; da hingegen der einzige König Georg der II. von Großbritannien durch einen neuen Tractat zu Hannover (Jun. 24.) der Königinn Maria Thereſia Beyſtand verſprach. Unter ſolchen Umſtänden brach der Churfürſt von Baiern im Sept. 1741. mit einem Franzöſiſchen Hülfsheere in Oberoeſterreich, und von da in Böhmen ein, wo er den 19. Dec. ſchon die Huldigung als König in Böhmen einnahm. Bey der Kaiſerwahl ward aber diesmal die Böhmiſche Churſtimme ſuſpendirt, und darauf die Wahl Carls des VII. am 24. Jan. 1742. vollzogen. 1742

3) Während der Zeit hatte inzwiſchen Maria Thereſia ihre Truppen in Oberoeſterreich und bis in Baiern vordringen laſſen, ſo daß am 14. Febr. 1742. ſelbſt München an ſie übergieng, und Carl der VII. genöthiget ward, ſowohl ſeine Interims-Reſidenz als ſelbſt den Reichstag nach Frankfurt zu verlegen; wie dann auch in Italien die vereinigte Oeſterreich-Sardiniſche Macht unter Begünſtigung einer Engliſchen Flotte über die dortigen Franzöſiſch-Spaniſchen Unternehmungen die Oberhand gewann. Nun erſchien zwar ein neues Franzöſiſches Hülfsheer in Baiern, und der König in Preußen ſchlug (1742. May 17.) wieder bey Czaslau und Chotoſitz den Prinzen Carl von Lothringen. Allein nun entledigte ſich auch Maria Thereſia dieſes Feindes mit dem Frieden zu Breslau (Jun. 11.), da ſie den größten Theil von Schleſien nebſt der Gräfſchaft Glatz dem Könige abtrat, und jetzt ihre ganze Macht gegen die Franzoſen und Baiern gebrauchen konnte.

4) Nunmehr fiel mit der Eroberung von Prag (1742. Dec. 27.) ganz Böhmen, bis auf Eger, und,

nach

1743 nach einem glücklichen Treffen bey Simpach (1743. May 9.), mit dem Evacuations- und Neutralitäts-Tractate zu Niederschönfeld (Jun. 27.), auch ganz Baiern wieder in Oesterreichische Hände. An eben dem Tage schlug auch Georg der II., der kurz zuvor über eine am Maine versammelte Armee das Commando übernommen hatte, die ihm entgegengesetzte Französische Armee unter dem Marschall von Noailles bey Dettingen. Worauf die Oesterreichische Parthey durch einen zu Worms mit Sardinien geschlossenen Tractat (Sept. 13.), und durch wiederholte Tractaten mit Chursachsen (1743. Dec. 20., 1744. May 13.) noch immer grössere Verstärkung erhielt. Dagegen ward zwar Französischer Seits, nach nunmehriger Kriegserklärung wider Großbritannien und Ungarn, nebst anderen Versuchen mit dem Prätendenten und in Italien, noch ein neuer Schlauplatz des Krieges in den Oesterreichischen Niederlanden eröffnet. Allein der Prinz Carl brach indessen, nach glücklich vollbrachtem Uebergange über den Rhein, mit grossen Schritten in Elsaß ein, wo er allem Ansehen nach festen Fuß gefaßt haben würde, wenn ihn nicht ganz unerwartete neue Auftritte vor der Zeit zurückgenöthiget hätten.

Um sich des bedrängten Kaisers anzunehmen, hatten Frankreich, Preussen, Churpfalz und Hessencassel am 22. May 1744. eine Union errichtet, wovon sich erst im August 1744. die unvermuthete Wirkung zeigte, daß der König in Preussen aufs neue in Böhmen einbrach. Dieses nöthigte den Prinzen Carl, nach einem gefährlichen Rückzuge über den Rhein, zur Rettung von Böhmen zu eilen, und den Baiern und Franzosen wieder offenen Weg in Baiern und in die Schwäbisch-Vorderoesterreichischen Länder zu lassen. Jedoch in Böhmen kam nunmehr auch eine Chursächsi-

§. 56. Carl der VII. 1740-1745.

sächsische Armee der Oesterreichischen zu Hülfe, und die Preussen wurden nicht nur aus Böhmen nicht ohne ansehnlichen Verlust zurückgenöthiget, sondern selbst Glatz und das Preussische Oberschlesien ward von Oesterreichern besetzt, die noch in eben diesem Winter auch an der Donau und in der Oberpfalz wieder die Oberhand gewannen.

Der König in Preussen hatte inzwischen auch Ostfriesland, nach Abgang des letzten Fürsten Carl Edzards († 1744. May 25.), vermöge kaiserlicher Anwartschaft vom 20. März 1691. in Besitz genommen. Und das Haus Hessen-Cassel hatte nicht nur ein unbeschränktes Appellations-Privilegium (1742. Dec. 7.), sondern auch zu seiner Befestigung in der Grafschaft Hanau einen günstigen Reichsschluß (1743. Jun. 28. Jul. 15.) unter dieser Regierung erhalten. Desgleichen hatte Sachsen-Weimar den Anfall von Sachsen-Eisenach (1741. Jul. 29.), und der Prinz von Oranien den von Nassau-Siegen (1743. Febr. 18.) erlebt. Und vom Hause Holstein-Gottorp ward Peter (1742. Nov. 18.) zum Großfürsten von Rußland, und Adolf Friedrich (1743. Jul. 4.) zum Thronfolger in Schweden erklärt. Endlich hatte Carl der VII. die Grafen von Stolberg-Gedern, Solms-Braunfels, Hohenlohe-Waldenburg und Isenburg-Birstein in Fürstenstand erhoben.

§. 57.
Franz der I. (alt 37 — 57.)
1745. Jan. 20 — 1765. Aug. 18. (20 Jahre).

Carls des VII. Sohn und Nachfolger in der Chur, 1745 Maximilian Joseph, führte zwar anfangs den geerbten Krieg noch fort; ward jedoch bald genöthiget, zu

Fuessen (1745. Apr. 22.) einen Frieden einzugehen, worinn er allen Ansprüchen, die der pragmatischen Sanction zuwiderliefen, entsagte, und zu Beförderung der Kaiserwahl des Großherzogs von Toscana beförderlich zu seyn versprach. Diese Wahl gieng auch, nachdem die Oesterreichische Armee aus Baiern sich mit der alliirten Armee am Rheine vereiniget hatte, zu Frankfurt am 13. Sept. 1745. glücklich von statten. Nur im Kriege war das Glück den Oesterreichischen Waffen nicht mehr so günstig. Nach der Schlacht bey Fontenoi (1745. May 11.) behielt der Marschall von Sachsen in den Niederlanden die Oberhand. Und ein Plan, den man, in Gefolg einer zu Leipzig den 18. May 1745. geschlossenen geheimen Verbindung, wider Preussen entworfen hatte, ward durch zwey Siege des Königs, bey Hohenfriedberg (Jun. 4.), und, nach vergeblich zwischen Engelland und Preussen geschlossener Convention zu Hannover (Aug. 26.), bey Sorr oder Trautenau (Sept. 30.), gar sehr zerrüttet.

Noch sollte zwar, nach einem zwischen den Höfen zu Wien und Dresden verabredeten Entwurfe, ein Versuch gemacht werden, mit Anfange des Winters von vier Seiten in des Königs in Preussen eigne Länder einzudringen. Allein auch diesem Vorhaben kam der König zuvor, indem er noch zu Ende Novembers 1745. den Prinzen Carl aus der Lausitz nach Böhmen zurücknöthigte, und zu gleicher Zeit, als er selbst von der Lausitz aus seinen Zug auf Dresden richtete, den Fürsten von Dessau von Halle aus über Leipzig und Meissen in Sachsen einbrechen ließ. Dieser schlug die Sachsen bey Kesselsdorf (Dec. 15.). Darauf erfolgte der Friede zu Dresden (Dec. 25.) auf den Fuß des Breslauer Friedens, nur mit einer von Churfachsen
aus=

§. 57. Franz der I. 1745-1765.

ausbedungenen Million Thaler nebst einigen anderen Vortheilen, mit Inbegriff von Churpfalz, Churbraunschweig und Hessencassel.

Nach dem Dresdner Frieden behielt der Krieg nur noch in den Niederlanden und in Italien seinen Fortgang, ohne auch da für Oesterreich vortheilhaft zu seyn. Jedoch ein neues Bündniß der Höfe zu Wien und Petersburg (1746. May 22.), in Gefolg 1746 dessen schon ein mächtiges Russisches Kriegsheer bis auf Teutschen Boden kam, und das Uebergewicht der Englischen Seemacht über die Französische, brachten endlich nach einer kurzen Versammlung zu Aachen erst Präliminarien zwischen Frankreich und den beiden Seemächten (1748. Apr. 30.), sodann nach einigen, be- 1748 sonders von Oesterreich, noch gemachten Schwierigkeiten, den völligen Frieden (Oct. 18.) zuwege, worinn es lediglich bey der pragmatischen Sanction blieb, ausser daß Don Philipp Parma und Piacenza bekam.

Mit diesem Frieden schien das bisherige System von Europa eine andere Wendung zu nehmen, da nach und nach zwischen Oesterreich und Frankreich eine bisher ungewöhnliche Harmonie sich hervorthat. In Teutschland entspann sich aber, über eine vom evangelischen Reichstheile zu Abhelfung der Hohenlo- 1750 hischen Religionsbeschwerden in Gemäßheit des Westphälischen Friedens nöthig gefundene Selbsthülfe (1750.), sodann über dessen Intercessionsschreiben wegen Transplantation der evangelischen Unterthanen aus Steiermark und Kärnthen (1754.), wie auch 1754 über die Hessencasselischen Religionsversicherungs-Anstalten (1754.), und über einen Klosterbau zu Dierdorf (1755.) lauter Stoff zu neuen Mißhelligkeiten,

die

140 Neuere Gesch. II) nach dem Westph. Fr.

die dadurch noch verwickelter wurden, als Preussen zugleich mit Oesterreich über die den 30. May 1754. durchgesetzte Einführung der Taxischen Stimme im Reichsfürstenrath, mit Mecklenburg über die Werbung, mit Churfachsen über das Stapelrecht, mit Churbraunschweig über Ostfriesland, mit Großbritannien wegen weggenommener Emdischen Schiffe in Widerspruch gerieth, inzwischen aber im Jul. 1754. in America zwischen Großbritannien und Frankreich es schon zu Thätlichkeiten kam, die bald Repressalien und den völligen Ausbruch eines neuen Krieges nach sich zogen. Um diesen vom Teutschen Boden abzuhalten, schloß der König von Großbritannien den 16. Jan. 1756. zu Westmünster mit dem Könige in Preussen ein Bündniß, welchem den 1. May 1756. zu Versailles ein Gegenbündniß zwischen Frankreich und Oesterreich entgegengesetzt wurde.

Schon seit dem Frühjahre 1753. waren indessen dem Könige in Preussen von gewissen im May 1745. zwischen Oesterreich und Sachsen, und im May 1746. zwischen Oesterreich und Rußland gegen ihn geschlossenen geheimen Verbindungen beglaubte Abschriften und andere Nachrichten in die Hände gefallen, wegen deren er sich nach den Grundsätzen einer wahren Nothwehr berechtigt und genöthiget hielt, den ihm zubereiteten Angriffen zuvorzukommen. Er brach also, 1756. nachdem er erst durch plötzliches Einrücken in Sachsen (1756. Aug. 29.) sich den Rücken gesichert hatte, im Sept. 1756. in Böhmen ein, und gewann mit einem Treffen bey Lowositz (Oct. 1.) vorerst soviel, daß die bey Pirna eingeschlossene Sächsische Armee nicht gerettet werden konnte, sondern nunmehr (Oct. 15.) das Gewehr strecken mußte.

Der

§. 57. Franz der I. 1745-1765.

Der Reichshofrath verfuhr dagegen nach den Gesetzen vom Landfriedensbruch, und mit Mehrheit der Stimmen beschloß der Reichstag (1757. Jan. 17.) 1757 einen Reichsexecutionskrieg, zu dessen Unterstützung von Französischen, Schwedischen und Russischen Hülfsheeren grosse Hoffnung gemacht wurde. Aber ein Hauptsieg bey Prag (1757. May 6.) schien schon die ganze Sache beynahe zu entscheiden, als nur ein vom Grafen von Daun den 18. Jun. zurückgeschlagener Angriff bey Collin den König ausser Stand setzte, sich länger in Böhmen zu halten, noch auch zu verhindern, daß die Franzosen in Ostfriesland, in Hessen, und nach einem Treffen bey Hastenbeck (Jul. 26.) tiefer in die Churbraunschweigischen und herzoglich Braunschweigischen Länder eindrangen, daß die Russen mit einem Treffen bey Großjägersdorf (Aug. 30.) sich vom Königreiche Preussen Meister machten, daß die Schweden in Pommern und in die Uckermark einbrachen, und daß ein Reichsexecutionsheer um Sachsen zu befreyen bis in Thüringen vorrückte.

Doch zwey Siege, die der König den 5. Nov. 1757. über die Reichsarmee und über die damit vereinigten Franzosen bey Roßbach, und den 5. Dec. über die Oesterreichische Hauptarmee in Schlesien bey Leuthen erfocht, nebst neuen Unternehmungen des Prinzen Ferdinands von Braunschweig, der nach rückgängig gewordener Convention von Klosterseven die Befehlshabung der alliirten Armee übernahm, und die Franzosen nicht nur über die Weser und den Rhein zurücknöthigte, sondern auch noch bey Creveld schlug (1758. 1758 Jun. 23.), gaben der ganzen Sache wieder ein anderes Ansehen, zumal da nunmehr (1758. Apr.) dem Könige in Preussen auch Englische Subsidien bewilliget, und im Jul. 1758. Englische Hülfsvölker zur alliirten Armee geschickt wurden.

Nur

Nur die im May 1758. angefangene Belagerung von Olmütz mußte der König den 2. Jul. 1758. aufheben, und, während der Zeit, daß ein Gefecht, das den 23. Jul. bey Sandershausen zum Vortheile der bis dahin von neuem in Hessen vorgerückten Franzosen ausfiel, den Prinzen Ferdinand bewog über den Rhein zurückzugehen, schlug zwar der König den 25. Aug. die Russen bey Zorndorf, ward aber auch den 14. Oct. wieder bey Hochkirchen vom Grafen von Daun geschlagen, wiewohl ohne dadurch seine bisherige Vortheile in Sachsen und Schlesien zu verliehren.

1759 §. Auch im Feldzuge 1759. gewann Prinz Ferdinand, nach einem den 13. Apr. fehlgeschlagenen Angriffe bey Bergen, den 1. Aug. eine Hauptschlacht bey Münden, deren Verlust die Franzosen bis Giessen zurücknöthigte. Aber der König in Preussen verlohr den 12. Aug. ein Haupttreffen bey Kunnersdorf gegen die Russen, und ferner den 4. Sept. den Besitz von Dresden, und den 20. Nov. ein ganzes Corps
1760 bey Maxen. Worauf 1760. noch der Verlust eines solchen Corps unter dem General Fouquet bey Landshut (Jun. 23.), und der Festung Glatz (Jul. 26.) erfolgte. Doch in eben diesem Feldzuge siegte der König wieder bey Liegnitz (Aug. 15.), und bey Torgau (Nov. 4.). Und die Französische Armee rückte zwar
1761 bis Cassel und Göttingen vor. Sie ward aber auch in den folgenden Feldzügen durch die Treffen bey Villingshausen (1761. Jul. 15. 16.), und bey Grebenstein (1762. Jun. 24.) von allem weitern Vorrücken abgehalten, und endlich bis über die Ohm zurückgenöthiget.

§. Der König in Preussen verlohr hingegen 1761. (Sept. 30.) Schweidnitz und (Dec. 30.) Colberg.
Er

§. 57. Franz der I. 1745-1765.

Er gewann aber desto mehr mit dem Tode der Kaiserinn Elisabeth von Rußland († 1762. Jan. 5.), da 1762 er nunmehr mit Rußland und Schweden Frieden bekam, und seine ganze Macht gegen Oesterreich vereinigen konnte, um Schweidnitz (1762. Oct. 9.) wieder zu erobern, und von neuem die Oberhand im Felde zu gewinnen.

Hierzu kamen die Vortheile, welche die Engelländer von der Zeit an, als Wilhelm Pitt ins Ministerium gekommen war, über Frankreich und über die nach dem Bourbonischen Haustractate (1761. Aug. 15.) damit in Verbindung getretene Krone Spanien zur See und in anderen Welttheilen erfochten (a). Worüber, nach einem 1761. erst vergeblich in Vorschlag gebrachten Friedenscongresse zu Augsburg, endlich am 2. Nov. 1762. Friedenspräliminarien zu Versailles zu Stande kamen, welche am 10. Febr. 1763. im förmlichen Frieden verwandelt wurden; da indessen am 24. Nov. 1762. auch zwischen Oesterreich und Preussen ein bis zum März 1763. festgesetzter Waffen- 1763 stillstand, vor dessen Ablauf aber schon den 15. Febr. sowohl zwischen diesen beiden Mächten als zwischen Preussen und Sachsen der Friede zu Hubertsburg, in der Hauptsache auf den Fuß des Dresdner Friedens, mit Inbegriff des Teutschen Reichs und beiderseitiger Bun-

(a) Die Engelländer eroberten 1758. Jul. 26. Cap Breton; Dec. 28. Goree; 1759. May 1. Guadaloupe; Sept. 18. Quebeck. Die Französische Flotte unter dem Marschall Conflans ward den 20. Nov. 1759. vom Admiral Hawke geschlagen. Hernach wurden die Engelländer 1760. Sept. 8. mit Eroberung von Montreal von ganz Canada Meister; wie auch 1761. von Dominique, Pondicherie und Martinique. Noch am 14. Aug. 1762. nahmen sie den Spaniern Havana weg.

Bundesgenoſſen, geſchloſſen wurde. In Gefolg eines beſonderen Artikels ward hernach am 27. März 1764. Joſeph der II. zum Römiſchen Könige erwehlet, und damit noch zu rechter Zeit ein Interregnum, das ſonſt unvermuthet entſtanden ſeyn würde, abgewandt.

§. 58.
Joſeph der II. in ſeinen 15. erſten Regierungsjahren (alt 24--39.) 1765. Aug. 8 -- 1780. Jun.

1765   Joſeph der II., den nunmehr ſeine Frau Mutter, die verwittwete Kaiſerinn Königinn Maria Thereſia zum Mitregenten der Oeſterreichiſchen Erblande erklärte, machte gleich den Antritt ſeiner Regierung durch einen unterſcheidenden Juſtizeifer preiswürdig, indem er ſowohl an den Reichshofrath im Apr. 1766. einige erhebliche Verordnungen ergehen ließ, als am Cammergerichte die ſo lange vergeblich erwartete Viſitation im May 1767. in Gang brachte. Doch dieſe letztere entſprach in ihrem Fortgange, da gar bald über die zu befolgenden Grundſätze ganz ungleiche Meynungen ſich hervorthaten, und endlich am 6. May 1776. eine völlige Trennung derſelben erfolgte, der Erwartung nicht, die man ſich davon gemacht hatte; obgleich im Oct. 1775. noch ein nützlicher Reichsſchluß zu Stande kam, um einige erhebliche Verbeſſerungen am Cammergerichte einzuführen.

Uebrigens beſchäfftigte Joſeph für ſeine Perſon ſich mit nützlichen Reiſen in Italien, in Böhmen und Schleſien, (wo er den König in Preuſſen 1769. beſuchte, und von ihm 1770. in Mähren wieder beſucht ward,) in Ungarn und Siebenbürgen, in Polen, Frankreich, und in der Schweiz; da inzwiſchen die
Auf-

§. 58. Joseph der II. 1765-1780.

Aufhebung des Jesuiterordens, die Theilung von Polen, der Austausch von Oldenburg und Delmenhorst gegen die Holsteingottorpischen Ansprüche auf Schleswig, und der Streit zwischen Großbritannien und dessen Nordamericanischen Colonien, (wider welche unter andern auch Hessische, Braunschweigische, Anspachische, Hanauische, Waldeckische und Zerbstische Hülfsvölker gebraucht wurden,) solche wichtige Begebenheiten waren, die auch für die Teutsche Geschichte diese Zeit sehr merkwürdig machten.

3) Doch der wichtigste Vorfall ereignete sich mit 1777 dem Tode des Churfürsten Max Josephs von Baiern († 1777. Dec. 30.), als des letzten Bairischen Mannsstamms. Denn unmittelbar nach diesem Falle erfolgte zwar eine noch bey des Churfürsten Lebzeiten verabredete allgemeine Besitznehmung der dadurch erledigten Länder im Namen des Churfürsten Carl Theodors von der Pfalz. In dessen Namen ward aber auch schon am 3. Jan. 1778. eine Convention zu Wien un- 1778 terzeichnet, worinn eine Ansprache, die das Haus Oesterreich auf eine vom Kaiser Sigismund im Jahr 1426. dem damaligen Herzoge Albrecht von Oesterreich über Niederbaiern ertheilte Belehnung gründete, für bekannt angenommen wurde. Worauf Oesterreichische Truppen ganz Niederbaiern, nebst einigen überdies als eröffneten Böhmischen oder Reichslehen in Anspruch genommenen Districten, in Besitz nahmen.

4) Als jedoch nicht nur der Herzog von Zweybrücken diesen Ansprüchen widersprach, und als Stammsvetter zu jener Convention seine Einwilligung nicht geben wollte, sondern auch der Herzog von Mecklenburg auf die Landgrafschaft Leuchtenberg, und die ver-

K witt-

wittwete Churfürstinn von Sachsen, als des letzten Churfürsten von Baiern Schwester, auf dessen Allodialverlassenschaft Anspruch machte, dieserhalb aber der Churfürst von Sachsen, dem seine Frau Mutter ihre Ansprüche überließ, sowohl als jene beide Herzoge den König in Preussen um eine Verwendung in dieser Sache ersuchten, der ohnehin das ganze Verfahren des Wiener Hofes der Reichsverfassung nicht für gemäß hielt; so ließ sich, nach einer zwischen den Höfen zu Wien und Berlin vergeblich gepflogenen Negotiation, alles zu einem fürchterlichen Kriege an, den der König in Preussen zu Anfang Julius 1778. damit eröffnete, daß er von Schlesien aus über Nachod in Böhmen einbrach, und eine andere Armee unter dem Prinzen Henrich erst über Commothau, hernach über Rumburg ebenfalls in Böhmen einrücken ließ. Es kam aber weder mit der bey Königinngrätz verschanzten Armee unter des Kaisers eigner Befehlshabung, noch mit dem General Lauden, den der Prinz Henrich gegen sich fand, zu einigem entscheidenden Gefechte. Daher mit Ende des Feldzuges beide Preussische Armeen, ohne daß sie sich hatten vereinigen können, aus Böhmen zurückkehrten.

5) Inzwischen kam es unter Russischer und Französischer Vermittelung zu neuen Unterhandlungen zu Teschen, die erst einen Waffenstillstand, und endlich den 1779 13. May 1779. einen völligen Frieden zu wege brachten. Kraft dessen bekam Oesterreich von Baiern die Aemter Wildshut, Braunau sammt der Stadt dieses Namens, Maurkirchen, Freyburg, Mattighofen, Ried, Scharding, und überhaupt den ganzen Antheil Baierns, welcher zwischen der Donau, dem Inn und der Salza liegt. Alles übrige sollte künftig, wie bisher, bey Baiern bleiben, zu welchem Ende die

Kai=

§. 58. Joseph der II. 1765-1780.

Kaiserinn nicht nur von wegen der Krone Böhmen 1779 versprach, dem Pfälzischen Hause die Böhmischen Lehne von neuem zu verleihen, sondern auch der Reichslehne wegen in gleicher Absicht sich beym Kaiser zu verwenden. In so weit ward also die Convention vom 3. Januar 1778. aufgehoben. Hingegen wurden zwischen Churpfalz und Pfalzzweybrücken die Familienverträge von 1766. 1771. 1774. von neuem bekräftiget, und dem ganzen Hause Pfalz, auch namentlich der Birkenfeldischen Linie, von den Frieden schliessenden und vermittelnden Mächten garantirt, in so weit selbige dem Westphälischen Frieden nicht zuwider sind, und durch gegenwärtigen Frieden nicht abgeändert worden.

6/ An Chursachsen versprach Churpfalz in 24. halbjährigen Fristen sechs Millionen Gulden im 24. Guldenfuß zu Befriedigung der Allodialansprüche zu bezahlen. Woneben die Rechte, welche die Krone Böhmen bisher an den gräflich Schönburgischen im Chursächsischen Gebiete gelegenen Herrschaften Glaucha, Waldenburg und Lichtenstein ausgeübt, von der Krone Böhmen an Churpfalz und von diesem an Chursachsen abgetreten wurden.

7/ Für das herzogliche Haus Mecklenburg versprach die Kaiserinn gemeinschaftlich mit dem Könige in Preussen ihre gute Dienste anzuwenden, damit der Kaiser demselben eine unbeschränkte Befreyung von Appellationen ertheilen möchte.

8/ Da auch über die künftige Wiedervereinigung der Fürstenthümer Bayreuth und Anspach mit der Churbrandenburgischen Primogenitur einige Zweifel aufgeworfen waren; verband sich die Kaiserinn für

K 2 sich

1779 sich und ihre Nachfolger, sich nie dagegen widersetzen zu wollen.

Uebrigens ward der Friede nebst allen dazu gehörigen Conventionen nicht nur durch Russische und Französische Garantie befestiget; sondern auch Kaiser und Reich ersucht, ihre Einwilligung dazu zu geben. Nun waren zwar theils schon zu Teschen theils noch bey der Reichsversammlung zu Regensburg noch mehrere Ansprüche gereget worden (a). Es kamen auch überdies noch einige Schwierigkeiten wegen der Fränkisch und Westphälisch gräflichen Stimmen im Reichsfürstenrathe in den Weg. Doch erfolgte endlich den 1780 28. Febr. 1780. ein Reichsgutachten, mit der vorausgesetzten Aeusserung, wie man eines Theils auf die kundbare Billigkeit und Gerechtigkeitsliebe der Paciscenten das sichere Vertrauen setze, daß sie durch den Frieden das Reich, dessen Verfassung und Stände oder sonst jemanden gegen Billigkeit zu benachtheiligen ohnehin niemals gemeynet seyen; andern Theils aber auch keinesweges die Absicht und Meynung der Stände sey, durch die bey ihrem Beytritt diensam und nöthig findende Vorsorge dem Frieden und den darinn

(a) Als vom Hause Würtenberg wegen Mitregredient=Allodialerbrechts; vom Hochstifte Augsburg auf die Herrschaften Schwabel, Hohenschwangau, den Lechrein, und die Stadt Schongau, wie auch auf die Herrschaft Mindelheim; vom Erzstifte Salzburg wegen verschiedener Forderungen; vom Schwäbischen Kreise wegen der Stadt Donawerth; vom Grafen von Rechtern wegen einer Anwartschaft auf die gräflich Wolfsteinischen Reichslehne; von der Abtey Kempten wegen einer Entschädigung von 690727. Gulden von 1709. her; von den Grafen von Schönburg wegen ihrer Reichsafterlehns=Qualität.

darinn zwischen den Compaciscenten wechselsweise stipulirten Verbindlichkeiten an ihrer Kraft und Wirkung weder jetzt noch in Zukunft einigen Abbruch zu thun, weshalb sich die Paciscenten die wechselweise unverbrüchliche Gewährung nochmals einmüthig zusicherten und versprächen. Worauf dann der Schluß des Reichsgutachtens dahin gieng: daß zu dem mehrbesagten Friedensschlusse und dessen zugehörigen dem Reiche mit vorgelegten Acten und Conventionen des Reichs Beytritt und Einwilligung, jedoch unter der bedinglichen Voraussetzung und Zuversicht zu ertheilen sey, daß sothaner Friedensschluß, wie es sich von selbsten verstehe, den Rechten des Reichs, dem Westphälischen für beide Religionstheile mit wechselweisen gleichen Rechten bestehenden Frieden und übrigen Reichsgrundgesetzen, oder jemand andern an seinem erweislichen und behöriger Orten gebührender massen auszutragenden Rechte für jetzt und künftighin in keinem Falle zum Nachtheil gereichen möge und solle. Sodann ergieng den 29. Febr. 1780. noch ein besonderes Gutachten der beiden höheren Reichscollegien mit der capitulationsmässigen Einwilligung, daß die mit dem Tode des letzten Churfürsten von Baiern erledigten Reichslehne, wie sie derselbe besessen, dem Churfürsten von der Pfalz und dem ganzen Pfälzischen Hause neuerlich verliehen werden möchten; dergestalt jedoch, daß dadurch denjenigen, welche auf einige derselben gegründete Ansprüche und Forderungen zu haben vermeynten, allerdings offen und unbenommen bleiben sollte, solche im Wege Rechtens gebührend auszuführen. Beide Gutachten wurden hernach durch zwey kaiserliche Commissionsdecrete unterm 8. März

150 N. G. II) nach d. Westp. Fr. Joseph d. II.

März 1780. in ihrem ganzen Inhalte genehmiget, und mit kaiserlicher reichsobersthauptlichen Einwilligung bestätiget.

Druckfehler.

S. 4. Z. 5. statt: Kirchengeschichte, lies: Kriegsgeschichte.
S. 7. Z. 2. am Rande statt 710. lies 720.
S. 91. Z. 10. statt 1519. und 39. lies 1493. und 65.

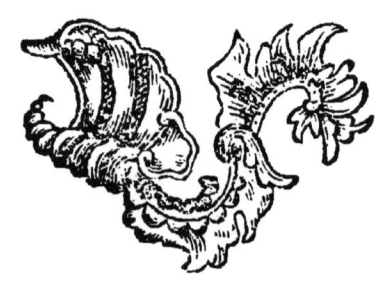